KB039364

알기쉬운 국제중재

오카다 카즈키 저 | 박덕영 · 조인호 역

박영사

이 번역서는 2016년 대한민국 교육부와 한국연구재단의 지원을 받아 수행된 연구임
(NRF-2016S1A3A2925230)

알기쉬운 국제중재

　우리나라는 국제무역에 대한 의존도가 높으며 해외투자의 규모 또한 상당하다. 국경을 넘나드는 경제활동이 증가하면 그에 따라서 국제적인 분쟁이 발생할 가능성 역시 증가하게 된다. 특히 근래 미국의 트럼프 행정부가 표방하고 있는 미국우선주의 무역기조, 영국의 유럽연합 탈퇴결정, 우리나라의 사드배치를 둘러싼 중국의 무역보복 등에서 보듯이 국제교역 및 국제투자를 둘러싼 국제분쟁의 가능성은 그 어느 때보다 높다고 생각되며, 이러한 맥락에서 분쟁을 공정하고 신속하게 해결할 수 있는 국제중재에 대한 관심이 지속적으로 증가하고 있다.

　중재는 법적구속력이 있다. 상대방이 중재판정에 따른 이행을 하지 않는 경우에는 강제집행도 가능하며, 외국중재판정의 승인 및 집행에 관한 뉴욕협약에 따라 156개국에서 그 효력을 인정받는 제도이다. 그럼에도 불구하고 많은 사람들이, 심지어는 법학을 전공한 사람들 중에서도 '중재'라는 개념을 조정 또는 화해와 혼동하는 경우가 있다. 이러한 배경에서 본서의 역자들은 그동안 각자가 속한 학교와 실무의 현장에서 가능한 많은 사람들에게 중재의 개념과 실제를 쉽고 정확하게 알리기 위해 노력해 왔으며, 본서의 출판은 이러한 노력의 일부이다.

　본서의 원전은 2014년 일본에서 출간된 『よくわかる国際仲裁』이다. 제목과 목차에서 보는 바와 같이 중재제도에 관한 기본개념을 비롯하여 실제로 중재절차가 진행되는 과정에서 당사자 및 대리인이 알아야 할 실무적인 정보와 조언 등의 핵심적인 내용이 일목요연하게 정리되어 있다. 따라서 법학에 문외한 일반인을 포함하여 국제중재에 관심이 있는 초학자, 실무가, 공무원 등이 입문서로

활용하기에 유용할 것이다. 모쪼록 본서의 출판이 국제중재에 대한 올바른 이해
를 고취하고, 중재제도를 통하여 효율적으로 분쟁을 해결해 나가는 데 기여할
수 있기를 기대한다.

　　본서가 나오기까지 많은 분들의 도움을 받았다. 먼저 이 책의 번역을 허락
해준 Freshfields Bruckhaus Deringer의 오카다 카즈키(岡田和樹) 변호사님과
Nicholas Lingard 변호사님께 감사드린다. 일본 요코하마국립대학의 국제법 전
공 박사과정 김경우 군은 본서의 번역 초안을 정성스럽게 읽고 수정해 주었으
며, 본서의 수정 및 출판과정에서 가독성을 높이기 위하여 커다란 역할을 한 연
세대학교 기후변화와 국제법 연구센터의 이일호, 김승민 연구교수께도 깊은 감
사의 마음을 전한다. 끝으로 책의 기획과 편집과정에서 배전의 노력으로 도움을
주신 박영사 조성호 이사님과 전채린, 김상윤 선생님께도 감사드린다.

공동번역 집필진을 대표하여
2017년 가을 박덕영 씀

'국제중재의 시대'를 맞이하여

▒ 중재란

중재란 소송과 더불어 분쟁해결수단의 한 종류이다. 간단하게 말하자면, 분쟁의 당사자가 제3자(중재인이라고 불린다)를 선택하고, 분쟁의 해결을 그의 판정에 맡기는 제도이다. 소송에서는 국가가 임명하는 판사가 판결을 내리는데 비해, 중재에서는 분쟁당사자가 선택한 중재인이 판정한다는 점에 있어서 양자는 결정적인 차이를 보인다. 절차도 소송에서는 민사소송법과 같은 국가의 법률로 정해져 있지만, 중재에서는 당사자가 합의로 자유롭게 정할 수 있다. 또한 중재의 경우 원칙적으로 판정은 1회뿐이며 소송과 같은 항소나 상고는 없다.

▒ 일본에서는 인기가 없는 중재

이 책의 독자 다수는 중재와 관련되었던 적이 없을 것이라 생각한다. 일본에서 중재는 분쟁해결의 수단으로서 전혀 인기가 없다. 일본의 대표적인 중재기관인 일본상사중재협회가 다룬 사건 수는 연 20건 정도이며, 수백 건 이상을 다루는 해외 중재기관과 차이가 크다. 그 이유는 여러 가지라고 할 수 있다. '일본인은 국가기관의 판단이 아니면 신용하지 않기 때문'이라던가, '항소할 수 없기 때문에 법무부나 변호사가 좋아하지 않는다' 등등이다.

국제중재의 시대

그러나 중재를 선호하지 않는다고 말하며 있을 수 없는 시대가 왔다. '국제 중재의 시대'가 도래하였다. 그것은 중재가 국제적인 분쟁을 해결하는 수단으로서는 사실상 유일한 수단이기 때문이다. 예컨대, 일본기업이 인도네시아의 기업에 제품을 판매하였지만, 불량품이라고 하며 대금을 받지 못하는 경우를 생각해 보자. 일본 법원에 제소하여도 그 판결을 근거로 인도네시아에서 강제집행이 이루어질 수는 없다. 그렇다면 인도네시아의 법원에 제소한다면 어떨까. 유감스럽게도 인도네시아와 같은 신흥국에서는 오직(汚職)* 등 기타의 이유로 법원이 충분하게 기능을 하고 있지 못하는 것이 실정이다. 따라서 소송으로 분쟁을 해결하는 것은 사실상 곤란하다. 여기서 등장하는 것이 중재인 것이다. 중재라면 다수의 국가에서 강제집행이 가능하다. 중재인은 양당사자의 국민 이외의 사람으로, 이에 더하여 중재장소를 제3국에서 함으로써 중립성을 확보할 수 있다. 이러한 이유로 분쟁을 법적으로 해결하려면 중재만이 유일한 수단이라고 하는 것이다.

높아지는 중재에 대한 관심

일본의 기업이 해외로 진출함에 따라 국제중재에 대한 기업의 관심은 높아지고 있다. 이제부터 일본기업이 진출하는 국가의 다수는 리스크가 높은 신흥국이다. 해외로 나가면 해외의 회사 또는 진출 현지 국가와의 분쟁에 휘말릴 가능성이 높아진다. 설명한 바와 같이, 분쟁에 휘말린 경우에는 중재가 유일한 수단이라고 말해도 좋은 분쟁해결수단이기 때문에 국제중재에 주목할 수밖에 없는 것이다.

신문에도 중재에 관한 기사가 많아지고 있다. 예컨대 스즈키와 폭스바겐의 자본제휴를 둘러싼 분쟁에서 2011년 11월에 스즈키가 폭스바겐에 대하여 런던에서 ICC(국제상공회의소)의 중재를 신청한 것이 큰 뉴스가 되었다.

그 외에는 2012년 7월의 니케이신문(日経新聞)에는 다케다약품공업(武田藥品

---

* 역자 주: 공무원이 지위를 남용하여 뇌물을 받는 등 부정한 행위를 저지르는 것

工業)에 대한 국제중재에 관한 기사가 게재되었다. 이것은 일본회사와 미국회사가 다케다약품공업을 상대로, ICC의 구제를 신청한 사건이다. 다케다약품공업 측은 미국에서의 변비약 독점판매권을 갖고 있었는데, 그 해지를 둘러싼 분쟁이다. 이 보도에 따르면 다케다약품공업 측이 이겼다고 하였다.

▦ 중소기업에도

일본 경제산업성의 통계에 따르면 해외로 진출하는 일본기업의 수는 2만을 넘는다. 그렇다는 것은 해외로 진출하는 기업의 다수는 중소기업이라는 것이다. 따라서 중소기업이라고 할지라도 국제분쟁과 무관하지 않다. 이 때문에 예컨대, 오사카 상공회의소는 국제중재에 관해서 계몽해야 한다고 제언하고 있다. 구체적으로는 해외기업과의 계약서에 중재조항을 삽입하는 것 또는 국제중재에 관하여 교육하는 것 등을 제안하고 있다. 대기업뿐만 아니라 중소기업에게도, 일반적으로 해외에 진출한 기업에 관해서는 국제중재에 관한 지식은 불가결하게 되었다.

▦ 투자유치국을 제소하다

중재가 기능을 발휘하는 또 한 가지의 중요한 분야로서는 기업과 투자유치국 사이의 분쟁이 있다. 예컨대 석유기업이 석유산출국에 투자하여 유전, 석유시설을 개발하였다. 그것이 궤도에 올라 드디어 이익을 발생시키게 되자, 갑자기 그 국가는 충분한 보상을 하지 않고 석유시설을 국유화하였다. 그러한 경우에 나오는 것이 투자협정이다. 그 석유기업이 설립된 국가와 산출국 사이에 투자협정이 있다면, 그 투자협정을 사용하여 석유기업은 국가를 상대로 중재를 신청할 수 있는 시스템이다.

예컨대 2012년 11월 니케이신문의 기사에서 미국의 펀드가 한국을 제소한 사건이 보도되었다. 벨기에의 자회사를 통하여 한국의 은행에 출자를 한 펀드가 주식을 팔려고 할 때 한국정부에서 승인을 하지 않았기 때문에 타이밍을 놓쳐 손해를 입었다는 이유로, 벨기에와 한국 간의 투자협정에 기초하여 한국을 상대로 중재를 신청한 것이다. 2012년 12월에는 스페인의 석유회사가 같은 형태로 아르헨티나를 제소한 사건도 보도되었다.

▨ TPP도 중재를 도입하나

　일본도 참가하여 미국, 오스트레일리아 등과 교섭중인 TPP(환태평양 파트너쉽 협정)도 투자협정의 일종이다. 이 협정에는 투자한 회사가 투자유치국의 국가를 제소할 수 있도록 하는 중재조항을 삽입할지 여부가 논의되고 있는데, 중재조항이 삽입되는 방향으로 굳어진 듯 하다. 그렇게 되면, 협정참가국에 투자한 기업은 투자유치국을 협정에 위반한 경우에 투자유치국을 상대로 중재를 신청할 수 있게 된다. 투자할 때에는 어떠한 경우에 중재를 요구할 수 있는지를 검토해 두는 것이 중요해진다.

▨ 국제중재의 시대를 준비하다

　모두(冒頭)에서 설명한 바와 같이, 국제중재의 시대가 도래하였다. 그러나 일본기업들 간에는 국제중재에 관한 정보가 극히 불충분하다. 예컨대 '상대방 국가로 가서 신청한다'라는 '크로스식 조항'을 아직 볼 수 있다. 제2장에서 다루고 있지만, 일본기업의 신흥국 투자에서 이 조항은 완전히 기능하지 못한다. 또한 중재기관이나 중재인을 어떻게 선택하는지 등의 정보도 부족하다.

　우리 사무소는 오랫동안 국제중재의 분야에서 높은 평가를 받아왔다. 작년에는 인터넷을 사용하여 국제중재에 관한 연속 세미나를 개최하고 호평을 얻었다. 그래서 이 세미나를 바탕으로, 일본기업 여러분에게 국제중재에 관한 기본적인 지식을 얻을 수 있도록 책을 출판하게 되었다. 여기에는 우리 사무소가 오랫동안 추적해온 노하우가 모여 있다. 그 중에서도 의뢰한 측의 기업에서 관심이 높다고 생각되는 국제중재의 시간과 비용에 관해서 이를 절감시키는 방법을 포함하여 특별히 한 장을 마련하여 해설하였다.

　본서가 점점 국제화되는 일본기업의 해외투자가 성공하는데 일조할 수 있다면 기쁠 따름이다.

2014년 4월
Freshfields Bruckhaus Deringer 법률사무소
파트너 변호사 오카다 카즈키(岡田和樹)

차례

제1장
국제중재를 어떻게 활용할 것인가

제2장
중재조항의 작성방법 의외로 많이 잘못된 조항

제3장
투자협정에 기초한 투자유치국과의 국제중재

제4장
국제중재의 시작방법

제5장
증거개시(디스클로져)를 어떻게 활용하는가

제6장
히어링부터 중재판정의 승인 · 집행까지

제7장
국제중재의 시간과 비용

국제중재를 어떻게 활용할 것인가

지금, 왜 국제중재인가

피해갈 수 없는 국제중재

'재판과 중재, 어느 쪽이 좋은가'라는 질문을 받은 일이 적지 않다. 그러나 솔직하게 말하자면 우문이라고 말할 수밖에 없다. 왜냐하면 국제적인 거래에 관한 분쟁을 해결하려고 하는 경우, '국제중재 이외에는 선택지가 없다'는 것이 실정이기 때문이다. 즉, 중재는 국제적인 분쟁을 해결하는 유일한 수단이다. 그렇기 때문에 국제적인 업무를 전개하는 기업은 좋든 싫든 국제중재를 피할 수 없다.

국제중재란?

머리말에서 설명한 바와 같이 중재는 분쟁의 당사자가 합의한 제3자(중재인)의 판단에 따르는 제도이다. 많은 국가에서는 국내법으로서 중재법을 제정하여, 중재의 시스템을 법률적으로 정비하고 중재인의 판정에 법원의 판결과 동일한 효력을 인정하고 있다. 국제중재라는 것은 그것이 국제적으로 이루어지는 것이다. 예컨대 일본의 A사와 미국의 B사의 분쟁에서 프랑스인 C가 중재인이 되고 파리 또는 합의하는 장소에서 중재를 진행하는 것이다. C의 판단이 A사와 B사를 구속하고, 필요하다면 강제집행도 가능하다.

▦ 계속 늘어나는 국제중재

국제중재의 사건 수는 계속 늘어나고 있다. <그림 1-1>은 대표적인 중재기관 중 하나인 ICC(국제상공회의소)가 접수한 중재신청 건수와 중재판정 건수의 추이이다. <그림 1-1>을 보면 2005년에는 521건이었던 접수건수가 2011에는 796건으로 50% 증가하였다는 것을 알 수 있다.

다른 중재기관도 마찬가지이다. AAA(미국중재협회)는 미국의 중재기관이며 여기에 속해 있는 ICDR(국제분쟁해결센터)이라고 하는 국제중재를 주로 담당하는 기관이 있다. <그림 1-2>는 ICDR이 접수한 국제중재 건수의 그래프이며 이 그래프를 보아도 수년간 건수가 늘어온 것을 알 수 있다.

그림 1-1 ICC가 접수한 중재신청 건수 및 중재판단 건수의 추이

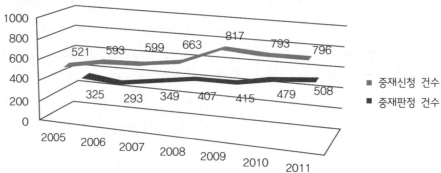

출처: ICC 홈페이지

아시아에서도 동일한 경향이 나타나고 있다. 최근 각국 기업의 아시아, 특히 동남아시아 진출이 활발해짐에 따라 중재도 늘어나고 있다. 동남아시아의 '허브'를 목표로 하는 싱가포르는 거국적으로 중재사건을 유치하기 위하여 <사진 1-1>에 있는 'Maxwell Chambers'라고 하는 중재를 위한 복합시설을 만들었다. 여기에서는 ICC나 AAA/ICDR과 같은 세계의 주요한 중재기관의 사무국이 들어와 있다. 중재를 위한 시설을 국가가 지원하여 만든 것이다. 그리고 정부가 중재법을 개정하는 한편 SIAC(싱가포르국제중재센터)라는 중재기관도 이용자가 사용하기 쉽게 관련 규칙을 개정하여 중재사건을 유치하고 있다.

홍콩도 마찬가지이다. 홍콩에서는 원래 중국기업이 당사자가 되는 중재가

그림 1-2 미국중재협회(AAA)가 설치한 ICDR이 접수한 국제중재 건수

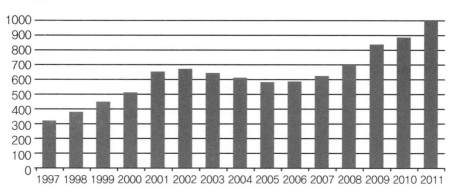

출처: ICDR의 공표자료를 기초로 작성

많았지만, 홍콩도 법령이나 중재규칙을 개정하는 등 국제중재사건을 유치하기 위해 노력하고 있다.

여기에 말레이시아와 같은 중재신흥국 등도 참전하여 바야흐로 군웅할거와 같은 상황이 되었다. 일본도 뒤쳐져서는 안 된다.[1]

사진 1-1 싱가포르의 중재시설 Maxwell Chambers

출처: Maxwell Chambers 홈페이지

---

1) 역자 주: 한국은 대한상사중재원(Korean Commercial Arbitration Board, KCAB)이 국내 및 국제중재사건을 처리하고 있다.

제 2 절

국제중재의 특징과 이점

▨ 강제집행 가능성

국제중재가 국제적 분쟁의 유일한 해결수단이 되는 가장 큰 이유는 중재판정은 강제집행이 가능하기 때문이다. 법원에서 아무리 좋은 판결이 나와도 그것을 상대방에게 강제할 수 없다면 아무런 의미가 없다. 100억엔의 지불을 명하는 판단도 집행할 수 없다면 단순히 종잇조각에 지나지 않는다. 국제중재의 이점은 강제집행이 쉽다는 것이다. 그것은 중재에 관해서 뉴욕협약이라는 국제협약이 성립되어 있기 때문이다. 이 협약의 정식명칭은 '외국중재판정의 승인 및 집행에 관한 협약'이며 2014년 2월 현재 149개의 국가 또는 지역이 가입되어 있다.[2] 뉴욕협약의 가입국은 외국에서의 중재판정을 자국의 법원에서 집행할 수 있도록 합의하고 있다. 그렇기 때문에 협약에 가입한 이 149개 국가·지역에 집행하고자 하는 재산이 있다면 그 국가의 법원에 신청하여 중재판정을 집행할 수 있게 된다.

소송에서는 이와 같이 할 수 없다. 소송에 관해서는 뉴욕협약과 같은 여러 국가 사이의 협약이 존재하지 않는다. 그렇기 때문에 어떤 국가의 판결을 집행할 수 있는지 여부는 기본적으로는 집행하는 국가의 법률에 의한다. 예컨대 인도네시아에서는 외국판결의 집행이 인정되지 않는다. 그렇다면 일본의 법원에서

---

2) 역자 주: 2017년 6월 현재 157개국이 가입되어 있다.

인도네시아 기업에 대하여 100억엔의 지불을 명령하는 판결을 얻어도 인도네시아에서는 그와 같은 판결을 집행할 수 없기 때문에 결국 판결은 종잇조각이 되고 만다.

그런데 중재의 경우 인도네시아는 뉴욕협약의 체약국이기 때문에 중재판정을 가지고 인도네시아의 법원에 가면 인도네시아에 있는 재산을 집행할 수 있다. 이것이 국제중재를 국제분쟁의 해결을 위한 유일한 수단이라고 하는 가장 큰 이유이다.

이 때문에 해외로 진출할 때에는 해당 국가가 뉴욕협약에 가입되어 있는지 여부가 중요한 고려요소가 된다. 예컨대 최근 미얀마는 '최후의 아시아 프론티어'라고 불리며 이곳에 많은 기업이 진출하였지만, 최근까지 뉴욕협약에 가입되어 있지 않았다. 그러나 미얀마는 2013년 뉴욕협약에 가입하였다. 이로부터 알 수 있는 바와 같이 신흥국이 외국으로부터의 투자를 촉진하기 위해서는 뉴욕협약에 가입하는 것이 불가결해졌다. 반대로 말하자면, 기업이 신흥국으로 진출할 때는 국제중재에 대해 검토할 필요가 있다고 할 수 있다.

▒ 중립성

국제중재의 두 번째 특징은 중립성이다. 일본기업과 인도네시아 기업 간에 분쟁이 발생한 경우, 일본기업으로서는 인도네시아의 법원으로 가기를 원하지 않는 것이 보통이다. 상대방도 마찬가지이다. 그래서 제3국, 예컨대 싱가포르에서 중재를 하기로 한다. 또한 신흥국에서는 '사법의 독립'이라는 개념이 거의 없기 때문에 앞서 서술한 대로 국가를 상대로 하는 분쟁을 상대방 국가의 법원에서 다투는 것은 무의미하다.

따라서 이와 같은 분쟁은 중재 이외에는 해결수단이 없다.

▒ 종국성

국제중재의 세 번째 특징은 종국성이다. 국제중재의 장점이자 단점이라고도 할 수 있는데, 중재는 재판과는 다르게 항소할 수 없다. 따라서 부당하다고 생각되는 중재판정이 내려진 경우에도 불복하는 것은 불가능하다. 자신의 상황에 유리한 판정이 내려지면 좋은 것이지만, 불리한 판정이 내려지면 곤란해진다. 이것이 일본기업이 중재를 선호하지 않는 이유 중 한 가지라고 한다. 확실히, 생각하지 못했던 이유로 지는 경우에 불복신청제도가 없는 것이 문제라고 생각될 수 있고, 이는 이해가 되는 부분이다. 그러나 반대로 말하자면, 불복신청에 드는 시간과 수고 없이 끝내버리는 방법이 될 수 있으며, '단판승부'의 위험을 피하기 위해서 대화에 의한 해결을 촉진하는 효과도 있는 것은 아닐까하는 생각도 든다.

▩ 유연성

국제중재의 또 다른 특징으로서는 절차의 유연성이 있다. 중재는 사적인 분쟁해결시스템이기 때문에 기본적으로는 절차도 합의로 결정할 수 있다. 예컨대 중재인의 수를 몇 명으로 할지, 중재인을 어떻게 선정할 것인가 또는 중재절차를 어디에서 진행할 것인지, 어떠한 언어로 할지 등이다. 그래서 디스커버리나 디스클로져라고 불리는 문서개시절차를 실시할지 여부, 실시한다면 어느 정도 실시할지를 당사자 간의 합의로 미리 또는 그때그때 결정할 수 있다. 이에 반해 재판의 경우는 절차가 각국의 법률로 정해져 있기 때문에 중재와 같은 유연성은 없다.

▩ 비밀성

그리고 국제중재의 특징으로서 절차의 비밀성이 종종 거론되고 있다. 재판이 기본적으로 공개법정에서 진행되는 것에 반해, 중재절차나 중재판정은 기본적으로 비공개이다. 다만 주의할 점은 그렇다고 해서 중재가 진행된다는 것이나 중재판정이 공개적으로 이루어지지 않는 것만은 아니라는 것이다. 극단적으로 말하면 중재에 제출된 서면을 회사 웹사이트에 게재하여도 이의를 제기할 수 없는 경우도 있다. 따라서 중재를 비밀로 유지하기 위해서는 당사자 간에 그 점을 합의해 둘 필요가 있다. 또한 세부적인 사항이지만, 일본 상장기업의 경우 적시개시 등의 규칙에 의해 중재에 관한 일정한 정도의 개시가 요구될 가능성이 있다. 여기에 관해서는 해외에서도 보통 동일한 제도가 있다. 이러한 경우는 개시

내용을 법령에서 필요로 하는 범위로 한정한다는 당사자 간의 합의를 통해 중재의 비밀성을 어느 정도 확보할 수 있다.

▨ 시간과 비용

마지막으로 시간과 비용을 들 수 있다. 중재는 재판과 비교해서 시간과 비용이 거의 들지 않는다고 하는 경우도 있다. 다만 솔직하게 말하자면, 그렇다고만은 할 수 없다. 재판과 동일한 정도 또는 그 이상의 시간과 돈이 드는 경우도 드물지 않다. 이 점은 제7장에서 상세하게 설명한다.

제 **3** 절

사례로 해설하는 국제중재절차의 흐름

▩▩ 일본-독일 제약회사의 라이센스 계약

여기서 사례를 이용하여 중재절차의 흐름을 간단하게 설명한다. 다음 장 이후에 각각의 절차에 관해서 상세하게 설명하겠지만, 우선은 간단한 흐름을 이해하길 바란다. 구체적인 예가 있는 것이 이해하기 쉬울 것이므로 다음과 같은 예를 상정하도록 한다.

일본의 제약회사 J사와 독일의 제약회사 D사 사이에 라이센스 계약이 체결되었다. 라이센스 계약에는 J사가 개발한 약을 D사가 독일에서 제조판매하고 D사는 매출에 비례하여 라이센스료를 지불하도록 되어 있다. 준거법은 일본법이다. 이에 더하여 라이센스 계약에 관한 모든 분쟁은 ICC의 중재로 해결한다는 합의가 있다. 중재인의 수는 정해지지 않았다.

라이센스 계약이 체결되고 얼마 후 D사로부터 '지금까지의 라이센스료의 계산방법이 잘못되었기 때문에, 이후부터는 별도의 계산방법으로 계산한 라이센스료를 지불한다'는 통지를 받았다. 이 계산방법을 따르면 지불되는 라이센스료가 대폭 줄어들기 때문에 J사는 이를 납득할 수 없다고 주장한다. 그래서 J사는 종래의 방법으로 계산한 라이센스료를 청구하기 위해 고려 중이다.

▦ 중재절차의 개요

<그림 1-3>은 대략적인 중재절차의 흐름을 보여주고 있다.

분쟁이 발생한 경우, 중재가 시작되기 전에 당사자간 교섭이 이루어지는 것이 보통이다. 경우에 따라서는 중재 시작 전 교섭을 의무화하는 내용을 계약서에 포함시키기도 한다. 예컨대, '중재신청 전 30일 동안은 교섭해야 한다' 또는 '회사의 대표자끼리 교섭해야 한다' 등이 규정되어 있는 경우도 있다. 교섭할 때는 중재가 이루어지는 경우 어떤 판정이 내려질 수 있는지 또는 중재에 얼마 정도의 비용, 시간이 드는지 등을 사전에 분석해두는 것이 매우 중요하다. 우선 교섭부터 해보고, 안되면 중재를 한다는 식의 임기응변적인 교섭은 대단히 위험하다. 교섭의 단계에서부터 사전적 분석을 충실히 할 수 있도록 변호사와 상담을 하는 것이 꼭 필요하다고 말할 수 있다. 교섭에 의해 해결할 수 없는 경우에 중재절차가 진행된다.

`그림 1-3` **중재절차의 흐름**

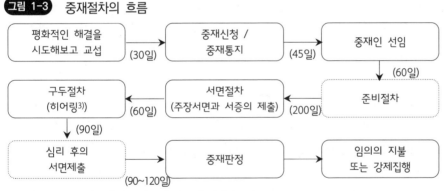

* 일반적으로 ICC의 중재에 걸리는 시간: 1년 반에서 2년

▦ 중재의 개시

중재를 어떻게 개시할지는 중재절차가 '기관중재'인지, '임의적(*ad hoc*) 중재'인지에 따라 달라진다. 기관중재라는 것은 ICC 등 기존의 중재기관을 이용하

---

3) 역자 주: 우리나라에서는 심리라 표현하기도 한다.

는 중재이다. 이 경우는 중재기관에 중재를 신청하는 것으로 절차가 개시된다. 중재절차를 이용하지 않는 임의중재(ad hoc 중재)의 경우는 중재기관이 없는 것으로, 상대방에게 중재를 통지하는 것으로 중재절차가 시작된다.

앞서 설명한 예에서는 ICC에서 중재를 하는 것으로 되어 있기 때문에, J사가 중재를 신청하기 위해서는 중재신청서를 ICC의 사무국에 제출해야 한다. ICC가 신청서를 수리하면 D사에게 이를 송부한다. ICC 중재의 경우, D사는 중재신청서의 수령 후, 원칙적으로 30일 이내에 답변서를 제출해야 한다. 다만 아무리 교섭단계에서부터 변호사에게 상담하고 있었다고 하더라도, 30일이라는 기간은 짧기 때문에 많은 경우, 답변서 제출기한 연장을 신청한다. 이 경우 대략 1개월 정도 제출기한이 연장되어 이 기한 내에 답변서를 내게 된다.

중재가 개시되면, 중재인을 선정한다. 중재인을 선정하는 방법은 중재규칙이나 중재인의 수에 따라 달라진다. 국제중재에서는 중재인의 수가 1인 또는 3인이 되는 것이 일반적이다. 중재인이 1인인 경우 당사자가 합의하여 결정하거나 중재기관이 중재인을 선정한다. 실제의 경우, 분쟁이 발생한 후 당사자가 합의하여 결정한다는 것이 거의 불가능하기 때문에 보통은 중재기관이 중재인을 선정하게 된다. 중재인의 수가 3인이라면, 처음에는 우선적으로 각 당사자가 각각 1인씩 중재인을 선정한다. 나머지 1인은 당사자가 선정한 중재인이 협의하여 선정하거나 중재기관이 선정하는 것이 보통이다. 이 사례에서는 중재인의 수가 결정되지 않았기 때문에, 당사자가 합의할 수 없다면 ICC의 중재규칙에 의해 결정된다. ICC 중재규칙에 따르면 중재인의 수는 원칙적으로 1인이 되지만, ICC가 적당하다고 인정하는 경우에는 3인의 중재인이 선정되는 것도 가능하다. 예컨대, 이 사례에서 J사의 청구금액이 큰 경우에는 중재인의 수가 3인이 될 가능성이 있다. 중재인의 수가 3인이 될 경우 이 사례에서는 J사와 D사가 각각 1인씩 중재인을 선정하고, 세 번째의 중재인의 선정방법에 관해서 J사와 D사 사이에서 어떠한 합의도 이루어질 수 없다면 ICC가 선정하게 된다.

준비절차

중재인이 선정되면 'Case Management Conference'나 '준비회합'이라고 불리는 준비절차에 들어간다. 중재인에 따라서는 이 준비절차를 하지 않는 경우도 있지만 대부분의 사건에서는 준비절차가 진행된다.

이 준비절차의 단계에서는 중재신청서나 답변서, 여기에 첨부되는 서증이 제출되기 때문에 이를 확인하여 분쟁의 성격이나 쟁점 등 대략적인 내용을 확인한다.

그리고 절차적인 문제로서 예컨대 중재절차에 사용될 언어, 통역이나 번역의 필요성, 또는 증인신문·구두변론을 진행하는 심리에서 속기록을 작성할지 등, 심리절차에 관한 사항을 결정한다. 이는 사소한 것처럼 보이지만, 최종적인 중재비용에도 영향을 줄 수 있기 때문에 매우 중요한 사항이다.

이와 같이 절차에 관한 사항을 결정하는 것과 더불어, 준비절차에서는 당사자와 중재인이 협의하여 서면의 제출기한도 결정한다. 이 제출기한은 나중에 변경할 수 없기 때문에 신속성과 준비시간의 확보라는 점에서 신중하게 대응할 필요가 있다.

이에 더하여 준비절차에서는 심리일정도 결정한다. 준비절차의 단계에서는 어느 정도의 증인신문이 필요하게 될지가 확실하지 않은 경우도 있지만 이런 경우에도 예컨대 1주 정도의 심리일정을 잡아두고 실제로는 그 가운데 2~3일만 심리를 진행하는 경우도 있다. 어쨌든 심리에 출석할 가능성이 있는 중요한 증인의 예정은 사전에 확인해둠으로써 그 증인이 출석할 수 있는 일정을 결정할 필요가 있다.

당연하지만 국제중재에서는 당사자나 대리인이 별개의 국가에 있는 경우도 많기 때문에, 준비절차는 비디오회의나 전화회의를 활용하여 진행하는 경우도 많이 있다. 무엇보다도 신속히 중재인과 만나 관계를 구축해 두고 싶거나 만나서 직접 이야기를 하는 것으로 중재인의 심증에 좋은 영향을 미치고 싶은 때는 대리인이 직접 물리적으로 출석하는 방법이 좋은 경우도 있다.

▓ 준비절차 후의 서면제출

준비절차가 종료되면 결정된 스케줄에 따라 절차를 진행하게 된다. 일반적으로는 심리 전 쌍방이 서면을 제출한다. 이 서면은 당사자의 주장을 기재한 주장서면과 주장을 뒷받침하는 서증이다. 보통, 주장서면은 신청인과 상대방이 번갈아 제출한다. 각각 2회 정도 서면을 제출하는 것이 보통이다. 앞서 설명한 예

에서는 중재를 신청한 J사 측에서 상세한 주장서면을 제출하고 그 후, 상대방 D
사가 반론한다. 이에 대하여 또 J사가 재반론, D사가 다시 재반론하는 방식으로
2회 정도 진행된다. 또한 주장서면의 제출과 동시에 주장의 근거가 되는 서증도
제출한다. 서증으로서는 예컨대 계약서나 기타 계약에 관한 서류나 이에 더하여
증인의 진술서나 전문가증인의 의견서 등이 있다.

앞서 설명한 예에서 라이센스 계약을 체결할 때 라이센스료의 계산방법에
관하여 양사의 구체적인 합의가 있었다고 한다면, 이 합의를 입증하기 위해서
예컨대 J사 교섭담당자의 진술서를 작성하여 제출하는 것도 생각해볼 수 있다.
또한 전문가증인의 의견서로서는 라이센스계약의 준거법이 일본법이기 때문에
일본의 민법학자에게 의뢰하여 일본 민법에 따르면 계약이 어떻게 해석되는지
에 관하여 의견서가 제출될 수 있다.

또한 라이센스료의 계산방법에 관해서는 제약업계에서 일반적으로 사용되
고 있는 계산방법 등이 있다면, 그것을 입증하기 위해서 예컨대 제약업계에 밝
은 전문가의 의견서를 제출하는 방법도 생각해볼 수 있다.

▦ 심리(히어링, Hearing)

이러한 서면의 교환이 끝난 후 심리에 들어간다. 심리에서는 당사자나 대리
인, 증인이 출석하여 중재인 앞에서 구두변론과 증인신문을 한다. 심리의 일반
적인 흐름에 따르면 우선, 각 당사자의 대리인이 Opening Statement라고 부르
는 모두진술을 하고, 각각의 기본적인 개념과 입증방법 등을 설명한다. 그 후 증
인신문을 한다. 증인신문에서 신청한 측의 주신문은 단시간에 끝나고 반대신문
이 중심을 이룬다. 증인신문이 종료된 후, 각 당사자의 대리인이 Closing
Statement라고 하는 최종변론을 하는 경우도 있다. 심리는 2~3일 내로 끝나는
경우도 있지만, 2주 이상이 걸리는 경우도 있다.

심리가 끝나면, Post-hearing Brief라고 불리는 서면을 제출할 기회가 부
여되는 경우도 있다. 이것은 증인신문의 결과를 기초로 하여, 당사자의 주장을
정리하여 최종적인 중재판정을 위해서 제출하는 것이다.

중재판정과 그 이행

　이러한 절차가 끝나면 중재인은 중재판정문을 작성한다. 중재인은 계약의 준거법에 기초하여 중재판정을 내린다. 앞서 설명한 사례에서는 라이센스 계약의 준거법이 일본법이기 때문에, 중재인은 일본법에 기초하여 판단해야 한다. 만일 계약의 준거법이 없고 더 나아가 당사자끼리 어떤 법률을 적용할지 합의할 수 없다면, 중재판정부가 적절하다고 생각되는 법을 적용한다.

　중재판정문을 작성할 때 중재인이 1인의 경우는 문제가 없지만, 중재인이 3인인 경우에는 의견이 일치하지 않을 수 있다. 중재인 사이의 의견이 일치하지 않는 경우에 어떻게 하는지에 관하여, 당사자가 합의하였다면 그에 따르지만 합의가 없다면 중재인은 중재규칙의 규정에 따른다. ICC의 중재규칙에서는 다수결로 결정하는 것을 원칙으로 하고 있다. 다만 다수결로도 결정되기 어려운 경우, 예컨대 손해배상액을 얼마로 할 것인가에 관해, 3인의 의견이 갈리는 경우 등에는 의장중재인이 단독으로 판정하게 된다.

　앞서 설명한 사례에서는 예컨대 J사가 선정한 중재인과 의장중재인이 J사의 주장을 인정하고, D사가 선정한 중재인만이 D사의 주장을 인정하는 경우는 2대 1이 되기 때문에 다수결로 J사의 주장을 인정하는 중재판정이 내려지게 된다.

　국제중재에서는 앞서 설명한 대로 뉴욕협약이 있으며 기본적으로 강제집행이 가능하기 때문에 중재판정이 내려지면 임의로 이행하는 것이 보통이다. 다만 상대방이 어떻게 하여도 자발적으로 이행하지 않는 경우에는 자력으로 구제를 받을 방법이 없기 때문에 뉴욕협약에 기초하여 상대방의 재산이 있는 국가에서 강제집행의 절차를 취하게 된다.

국제중재의 전략적 활용

■ 투자유치국을 상대로 하는 투자협정중재

최근 TPP(환태평양 파트너십 협정)와 관련된 투자협정중재가 신문이나 잡지에서 다루어지는 경우가 많이 있다. 투자협정중재라는 것은 투자자가 투자협정을 이용하여 투자유치국에 대하여 제기하는 중재이다. 앞으로 신흥국에 진출하려고 하는 일본기업에 있어서 이러한 절차의 사용 여부는 대단히 중요하며, 그 국가에 진출할지 여부를 결정하는 중요한 포인트가 되기도 한다.

투자협정이란 국가들 사이에서 체결되는 투자의 확보와 촉진을 목적으로 한 조약이다. 투자협정의 종류로서는 양자간투자협정(Bilateral Investment Treaty, BIT), 경제협력협정(EPA) 등이 있다. TPP도 복수의 국가에서 체결되는 투자협정 중 한 유형이다.

투자협정은 보통 외국으로부터 투자를 쉽게 유치하기 위해서 외국의 투자자에 대한 차별적인 강제수용, 불공평한 과세나 불공평·불공정한 규제를 금지하고 있다. 또한 다수의 투자협정에서는 투자자를 보호하기 위해서 투자자와 투자유치국 간의 분쟁을 중재에 의해 해결하도록 하는 조항이 들어가 있다. 이러한 조항이 있으면 부당한 강제수용이나 불공평한 규제가 어려워진다.

투자협정에 중재조항이 없어도 투자유치국과 투자자가 개별적으로 교섭하여 분쟁이 생긴 경우에 중재로 해결한다는 합의를 할 수 있다면 문제가 없다. 다만 그러한 교섭이 잘 진행된다는 보장도 없고, 교섭에는 시간과 비용이 소모

된다. 따라서 투자협정에 중재조항이 있는지 여부는 투자하는 입장에서 중요한
포인트이다.

　　<그림 1-4>는 투자협정중재를 도식화한 것이다. 예컨대, A국과 B국
사이에는 중재조항을 포함한 양자간투자협정이 있다. B국의 기업이 A국에
공장을 건설하고 운영을 시작하였는데, A국 정부가 공장을 강제수용하고 말
았다. 이 경우 B국의 기업은 A국과 B국 간의 양자간투자협정에 기초하여 중
재절차를 개시할 수 있다. 이러한 중재를 어디에서 진행하게 되는지와 관련
하여, 투자협정중재의 절반 이상이 ICSID라는 중재기관에서 이루어지고 있다
고 말할 수 있다. ICSID는 International Centre for Settlement of Investment
Disputes의 두문자로, 국제투자분쟁해결센터로 번역된다.

　　ICSID는 ICSID 조약에 기초하여 설치된 중재기관이다. 투자유치국과 투자
기업의 모국(예에서는 A국과 B국)이 이 조약에 가입하였고, 투자협정이 ICSID의
중재를 이용할 수 있도록 정하고 있다면 ICSID에서 중재를 할 수 있다. 이 조약
의 가입국은 ICSID의 중재판정을 자동적으로 승인하기로 되어 있기 때문에, 집
행을 위한 특별한 절차는 필요하지 않다.

　　또한 투자협정중재는 ICC 등 다른 중재기관에서 이루어지는 경우도 있으
며, 중재기관의 관여가 없는 임의적(*ad hoc*) 중재가 이루어지는 경우도 있다.

그림 1-4 투자협정중재의 이미지

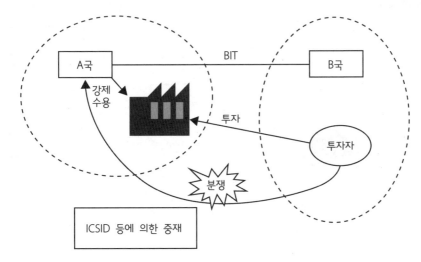

중요한 투자구조의 검토

투자협정의 보호를 받기 위해서는, 해외에서 투자할 때 투자구조를 검토할 필요가 있다. 예컨대, 일본과 투자협정을 체결하지 않은 국가에서는 일본기업이 투자하여도, 투자협정상의 보호를 받을 수 없다. 그러나 그러한 경우에도 투자유치국과 투자협정을 체결한 국가가 있다면 그 국가에 자회사를 만들어, 그 자회사를 통하여 투자할 수 있다. <그림 1-5>에서와 같이 일본과 A국 사이에 투자협정이 체결되어 있지 않은 경우라도, A국과 B국 사이에 투자협정이 있다면, 이를 이용하기 위해서 B국에 자회사를 만들어, B국의 자회사를 통하여 투자하는 것이다. 이렇게 함으로써 일본기업은 A국과 B국 간의 투자협정에 의한 보호를 받을 수 있게 된다.

현재 세계에는 3,000여 개의 투자협정이 있다고 알려져 있지만, 각각의 투자협정에 의해, 투자자가 받는 보호의 범위는 다르다. 따라서 예컨대 일본과 A국 사이에 투자협정이 체결되어 있다고 하더라도, 그 투자협정보다도 투자자에게 더 유리한 투자협정이 예컨대 A국과 B국 사이에 체결되어 있다면, 그 A국과 B국 사이의 투자협정을 이용하기 위해서 B국 자회사를 통하여 A국에 투자하는 방법도 고려할 필요가 있다.

그림 1-5 투자구조의 검토

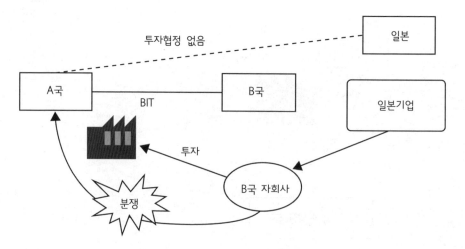

▦ 투자협정중재도 증가

<그림 1-6>에서 볼 수 있듯이, 투자협정중재 건수는 최근 현저하게 증가하고 있다. 이 그래프를 보면 알 수 있듯이 2000년경에는 10건 전후였지만, 2012년에는 61건으로 6배가 되었다. 특히 신흥국으로의 투자가 증가함에 따라 신흥국과 투자자 간 투자협정중재 건수가 상당히 늘어나고 있다.

그림 1-6 투자자-국가간의 중재건수의 추이

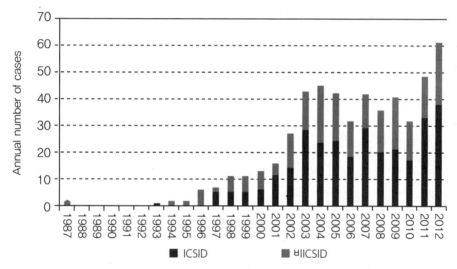

<그림 1-7>은 ICSID 중재에서 당사자가 된 국가의 지역분포를 나타내고 있으며, 이에 따르면 남미가 전체의 약 30%를 차지하고 있다. 동유럽 및 중앙아시아는 23%이다. 아프리카나 중동 등이 그 뒤를 따르고 있다. 투자 리스크가 높을 것으로 느껴지는 국가나 지역에서 투자협정중재 건수가 많다는 것을 알 수 있다.

그림 1-7 ICSID 중재사건의 당사자가 된 국가의 지역분포

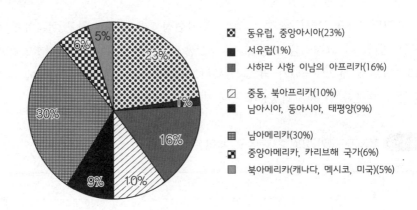

- 동유럽, 중앙아시아(23%)
- 서유럽(1%)
- 사하라 사막 이남의 아프리카(16%)
- 중동, 북아프리카(10%)
- 남아시아, 동아시아, 태평양(9%)
- 남아메리카(30%)
- 중앙아메리카, 카리브해 국가(6%)
- 북아메리카(캐나다, 멕시코, 미국)(5%)

■ 위험국가 및 산업

　<그림 1-8>은 2012년 ICSID의 중재사건에서 당사자가 되었던 국가의 내역이다. 대부분은 신흥국이나 개발도상국이 차지하고 있다. 베네수엘라에 대해서는 2012년에만 9건의 중재신청이 있었다. 베네수엘라에서는 차베즈가 대통령으로서 석유자원의 국유화를 추진하였기 때문에 많은 투자협정중재가 발생했던 것이다. 역시 이들 국가나 지역에 투자할 때에는 보다 신중하게 구조를 검토하여 만일의 경우에 투자협정중재를 신청할 수 있도록 해두는 것이 중요하다.

　베네수엘라는 ICSID 중재로 불리한 중재판정이 계속되었기 때문인지, 2012년 ICSID를 탈퇴하고 말았다. 이로써 볼리비아와 에콰도르에 이어 3번째 탈퇴국이 되었다. 다만 ICSID를 탈퇴한다고 해서 ICSID의 중재제도를 이용할 수 없게 되는 것이라고 단정할 수는 없다. 이 점에 관해 판단한 중재판정은 아직 없지만, ICSID에서의 중재를 정한 투자협정이 있는 한, 탈퇴한 국가에 대해서도 ICSID에 투자협정중재를 제기하는 방법도 있다.

　또한 투자협정에서는 ICSID 이외의 중재절차를 아울러 정한 경우도 많기 때문에 이런 경우에는 ICSID 밖에서 중재하는 것도 가능하다. 베네수엘라보다 앞서 ICSID를 탈퇴한 에콰도르는 남미 중심의 중재기관 설립을 주장하거나, 중재조항이 있는 투자협정을 해소하려는 움직임도 보이고 있다. 다만, 투자협정을

해소하려고 하여도 우호국과의 관계도 있고, 모든 투자협정을 파기하는 것은 생각하기 어렵기 때문에, 이러한 국가에 투자를 할 때에는 투자협정이 파기될 가능성 등도 고려하여, 어떤 투자협정을 활용해야 하는지를 검토하는 것이 중요하다.

그림 1-8 ICSID 중재사건 당사자가 된 국가의 내역 (2012년)

동유럽 & 중앙아시아	남아메리카	사하라 사막 이남 아프리카	중앙아시아 & 북아프리카	남 & 동 아시아 & 태평양	북미 (캐나다, 멕시코, U.S.)	중앙아메리카 & 캐리비안	서유럽
불가리아, 1	Argentia, 1						
크로아티아, 1	페루, 2						
조지아, 1							
헝가리, 3							
라트비아, 1	베네수엘라, 9	적도기니, 3					
마케도니아, 1							
몬테네그로, 1							
루마니아, 1			알제리, 2	인도네시아, 2			
슬로바키아, 1		기니, 2	이집트, 2	한국, 1	캐나다, 1		벨기에, 1
트루크메니스탄, 1		남수단, 1		Laos PDR, 1	멕시코, 1	코스타리카, 1	독일, 1
우즈베키스탄, 1		우간다, 1	튀니지, 1	파키스탄, 1	미국, 1	세인트루시아, 1	스페인, 1

출처: ICSID: The ICSID Caseload-Statistics (Issue 2013-1)

그림 1-9 ICSID 중재사건에서 업종의 분포

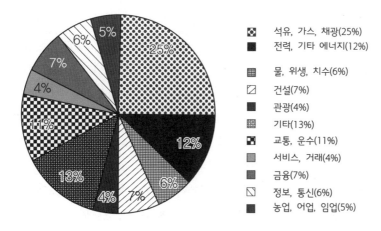

석유, 가스, 채광(25%)
전력, 기타 에너지(12%)

물, 위생, 치수(6%)
건설(7%)
관광(4%)
기타(13%)
교통, 운수(11%)
서비스, 거래(4%)
금융(7%)
정보, 통신(6%)
농업, 어업, 임업(5%)

출처: ICSID: The ICSID Caseload-Statistics(Issue 2013-1)

<그림 1-9>는 ICSID에 신청된 중재사건의 건수를 업종별로 보여주고 있다. 가장 많은 것은 석유, 가스, 채광으로 25%를 차지한다. 전력 등 에너지 관련 분야가 12%, 물, 위생, 치수관계 등 관련 분야가 6%로 첫 번째 업종들과 관련된 건수가 더 많다. 다만 이 그래프에서 알 수 있듯이, 농업이나 어업, 금융, 정보, 통신, 서비스와 기타가 13%로 폭넓은 업종에서 투자협정중재가 이루어지고 있다. 해외에서 투자할 때는 어떤 업종이라도, 투자협정중재를 사용할 수 있는 구조를 검토하여, 투자협정의 보호를 받도록 해두는 것이 중요하다.

■ 일본의 투자협정 상황

일본이 투자협정을 체결한 국가는 현재 30개국을 넘으며, 최근에는 사우디아라비아, 모잠비크, 미얀마와 투자협정을 체결하는 등 새로운 투자협정의 체결에 적극적으로 대처하고 있다. 그러나 중국이나 유럽의 국가는, 100건에 가까운 투자협정을 체결하고 있는 것과 비교하면, 일본이 체결하고 있는 투자협정은 적은 것이 현재 상황이다. 따라서 일본기업으로서는 다른 국가의 투자협정을 활용할 수밖에 없다.

현재까지 일본기업이 투자유치국을 상대로 투자협정중재를 신청한 사건으로 공표된 것은 1건뿐이다. 이것은 네덜란드에 있는 노무라증권의 자회사(Saluka Investment)가 체코를 상대로 제기한 투자협정중재이다. 이 사건에서 체코 정부는 체코 국내의 은행을 구제하기 위하여 공적자금을 투입했을 때, 동 회사가 출자한 은행만은 지원하지 않았다. 그래서 동 회사가 네덜란드와 체코 간의 투자협정에 기초하여 체코를 상대로 중재를 신청하였다. 그 결과로 Saluka Investment에게 유리한 중재판정을 얻을 수 있었고 최종적으로는 3억 달러를 배상받을 수 있었다.

이 사건과 같이 투자협정에 의한 보호를 확실하게 받을 수 있는 구조를 만들어 둔다면, 만일의 경우에 중재를 무기로 사용할 수 있다. 해외에 투자할 때는 투자협정에 의한 보호를 받을 수 있는지 여부부터 꼭 검토할 필요가 있다.

또한 2013년 말에는 일본 그룹사가 합병계약에 관한 분쟁에서 인도네시아 정부와 화해한 것이 보도된 바 있다. 이 사건은 화해하지 않았다면, ICSID에서 중재가 이루어졌을 것이다. 이와 같이 일본기업이 투자협정중재를 신청할 가능성도 매년 높아지고 있다.

새로운 투자협정이 체결되거나 앞서 남미와 같이 ICSID로부터 탈퇴하는 국가가 있는 등, 투자협정을 둘러싼 상황은 매우 빠르게 변하고 있기 때문에, 항상 최신의 정보로 업데이트하는 것도 중요하다.

국제중재 Q&A

Question 세계의 중재건수

중재가 늘고 있다고 하더라도, 전 세계적으로는 얼마만큼의 건수가 신청되고 있는가. 또한 많은 중재기관이 있다고 하지만, 국제중재의 세계에서 ICC는 실제로 얼마만큼 유력한 것인가?

Answer

세계 전체의 중재건수라는 것은 그러한 통계가 없기 때문에 정확히는 알 수 없지만, 소위 세계에서 이름이 통용되고 있는 국제중재기관은 8개 정도가 있다. 그 중재기관 전체가 2011년에 접수한 신규신청건수는 약 4,000건이 된다. 그 후 사건 수는 증가하는 추세이고, 기타 기관에서의 건수를 합친다면, 더욱 늘어날 것이라고 생각한다. 따라서 일본기업을 포함하여, 국제적으로 비즈니스를 하고 있는 기업에게 국제중재를 피할 수 없는 시대가 되었다는 것은 틀림없다고 생각한다.

중재기관 중에 ICC는 대표적인 중재기관으로서 가장 먼저 이름을 알렸으며, 중재처리건수도 톱클래스이기 때문에 가장 유력한 중재기관이라고 할 수 있다. 통계에 따르면 2011년 중재사건의 접수건수는 CIETAC(중국국제경제무역중재위원회)가 1,435건, AAA/ICDR가 994건, 이어서 ICC가 796건으로 ICC의 사건수가 가장 많은 것은 아니지만, CIETAC은 중국 국내의 중재가 많이 다루며, AAA/ICDR에서는 소액의 사건이 많기 때문에, 금액이 큰 국제중재에 있어서는 ICC가 가장 유력하다고 생각한다.4)

---

4) 역자 주: 대한민국의 중재기관인 대한상사중재원은 2014년에 382건, 2015년에 413건의 중재사건을 접수하였다.

제 **2** 장

중재조항의 작성방법 의외로 많이 잘못된 조항

중재조항의 중요성

중재합의 없이는 중재도 없다

중재의 기본은 '중재합의 없이는 중재도 없다'는 것이다. 중재를 하기 위해서는 중재합의가 필요하다. 중재는 사적분쟁해결시스템이다. 당사자 간에 '분쟁을 중재로 해결하자'고 합의해야 비로소 가능한 것이기 때문에, 당사자 간의 합의가 절대적으로 필요하다. 따라서 중재에 있어서는 어떻게 합의를 하는지가 매우 중요하다.

언제, 어떤 합의를 하는가?

이 합의를 언제 하는 것인가. 분쟁이 생기고 난 후, '법원으로 가지 말고, 중재로 하자'고 합의하는 것도 가능하다. 그러나 다투고 있는 상대방과 합의하는 것은 매우 어렵다. 그래서 분쟁을 중재로 해결하기 위해서는 분쟁이 생기기 전에, 계약서에 중재조항을 넣어 둘 필요가 있다.

중재조항은 많은 경우, 계약서의 마지막 쪽에 있고, 회사의 계약서 양식에 있는 것을 그대로 사용하거나 교섭의 최종단계에서 서둘러 포함되는 등 경시되기 십상이다. 그러나 이것은 대단히 위험하다. 큰 계약의 경우에는 중재조항에 관해서 중재전문가의 검토를 받는 것이 좋다고 생각한다. 왜냐하면, 중재조항에도 좋은 점과 나쁜 점이 있기 때문이다.

예컨대 지나치게 간단하게 작성하여 필요한 정보가 충분하지 않게 되거나,

반대로 지나치게 상세하여 그 중재조항의 해석을 둘러싼 분쟁이 일어나게 될지도 모른다. 분쟁이 발생한 후에 그 분쟁을 어떻게 해결할지에 관해서 또 다른 분쟁이 생긴다면 해결은 더 어려워질 것이다. 따라서 정확한 중재조항을 작성하는 것이 매우 중요하다.

■ 분쟁을 피하는 효과

분쟁의 당사자도 실제로는 중재 등을 회피하고 싶어 하는 것이 보통이다. 이 때에 교섭의 방식으로 '이 제안을 받아들이지 않는다면, 우리는 중재로 가도 좋다'고 하는 경우도 있다고 생각한다. 이것이 효과를 발휘하기 위해서는 정확한 중재조항이 없어서는 안 된다. 중재조항을 정확하게 해두는 것 자체가 분쟁을 억제하는 경우도 있다.

중재조항의 기본과 중재기관의 선택

■ 대상범위와 종국성

기본적인 것이지만, 중재조항을 초안하는 데는 두 가지의 중요한 포인트가 있다. 우선 한 가지는 중재로 해결하는 분쟁의 범위다. 어떤 분쟁을 중재로 해결할 것인가에 관해서 분쟁이 발생하는 것은 가장 곤란한 일이다. 예컨대 계약불이행/채무불이행으로 일방당사자가 손해를 입은 경우에 계약과 관계없이 일반 불법행위로 손해배상을 청구할 수 있는 경우를 상정해 볼 수 있다. 이것이 가능한 경우라도 중재조항이 불명확하여 '계약상의 분쟁은 중재를 하지만, 불법행위는 다르다'라고 되어 있을 수도 있다. 따라서 당해 계약과 관련된 모든 분쟁은 중재로 해결한다는 것을 명확하게 하는 중재조항을 작성하는 것이 대단히 중요하다.

예컨대, "Any and all disputes arising out of or in relation to the present contract"(계약에 기인하거나 관련하여 발생하는 모든 분쟁은)와 같이 명확하게 작성해 두는 것이 대단히 중요하다.

두 번째는 중재라는 것은 기본적으로 1회로 한정된 분쟁해결이며 '중재판정이 마음에 들지 않는다면, 재판으로'라는 것은 불가능하다. 그것이 중재의 장점이기 때문에 이 점도 명기할 필요가 있다. 그것을 명기하는 방법으로서는 "shall be finally settled by arbitration"(중재에 의해 최종적으로 해결되는 것으로 한다)이라고 작성해두는 방법이 있고, 이렇게 하게 되면, 중재판정에 불만이 있는 당사자가 후에 법원에 어떠한 것을 제소하더라도 새로운 분쟁을 막을 수 있다. 중재조항을 작성할 때에는 이 두 가지, '범위와 종국성'에 주의해야 한다.

■ 중재규칙

중재조항을 작성할 때 중요한 것으로, 중재규칙의 선택이 있다. 앞장에서 설명한 바와 같이, 중재에는 기관중재와 임의적(*ad hoc*) 중재가 있다. 기관중재는 ICC와 같은 중재기관이 절차를 관리한다. 임의중재(*ad hoc* 중재)라는 것에는 그와 같은 중재기관의 관여가 없다.

기관중재를 선택하는 경우에는 각 중재기관이 정한 중재규칙을 선택한다. 임의중재(*ad hoc* 중재)의 경우는 중재기관이 없기 때문에, 중재기관의 중재규칙을 선택하는 것이 아니고, UNCITRAL이 채택한 UNCITRAL 중재규칙을 이용하는 것이 보통이다. 또한 전통적으로 국가는 기관중재보다도 이 UNCITRAL 중재규칙을 이용한 임의중재(*ad hoc* 중재)를 선호하는 경향이 있다.

이에 더하여 이러한 중재규칙을 사용하지 않고, 중재조항 중에 필요한 절차를 작성하는 순수한 임의중재(*ad hoc* 중재)라는 것도 있다. 그 경우에는 중재조항 중에 예컨대 중재절차를 어떻게 개시하는 것인지부터 세세한 절차까지를 모두 중재조항으로 작성해야 하기 때문에, 분쟁이 생기기 쉬워 별로 권장하지 않는다.

■ 기관중재 또는 임의중재(*ad hoc* 중재)

기관중재와 임의중재(*ad hoc* 중재)를 비교하여 기관중재를 선택하는 경우, 중재기관에 관리비용을 지불해야 한다. 이 점은 단점이 될 수 있지만, 임의중재(*ad hoc* 중재)는 분쟁당사자가 협력하여 절차를 진행해야 한다는 문제가 있다. 일단 분쟁이 생기면, 분쟁해결의 절차에 관해서 합의하는 것은 간단하지 않기 때문에, 보통은 제3자적 입장을 가진 중재기관이 절차 진행을 관리하는 기관중재 쪽이 바람직하다고 생각된다.

▨ 어떤 중재기관이 좋은가

기관중재를 선택하는 경우, 어떤 중재기관이 좋을까? 중재기관에는 여러 가지가 있다. 국제적 중재기관으로 대표적인 것으로서는 ICC, LCIA, ICDR이 있다. 그 중에 ICC(국제상업회의소)가 국제중재 분야에서 가장 유명하다. LCIA(런던국제중재법원)는 런던에 본부가 있는 중재기관이다. ICDR(국제분쟁해결센터)은 미국 AAA(미국중재협회)의 국제중재부문이다. 그 외에 각 지역에 중재기관이 있다. 예컨대 아시아에는 일본의 JCAA(일본상사중재협회), 싱가포르의 SIAC(싱가포르국제중재센터), 홍콩의 HKIAC(홍콩국제중재센터) 등이 있다.[1]

어떤 중재기관을 선택할 것인가에 관해, 기본적으로 상기의 대표적인 국제중재기관인 ICC, LCIA, ICDR을 선택한다면 문제되지 않는다. 아시아에서는 SIAC이나 HKIAC 등이 정평 있는 기관이기 때문에 그러한 중재기관을 선택한다면 문제없다고 생각한다.

Column 실무에 심각한 영향을 미치는 CIETAC의 '분열'

CIETAC(중국국제경제무역중재위원회)은 연간 1,000건 이상을 다루는 중국을 대표하는 중재기관이다. 일본기업과 중국기업의 계약에서도 CIETAC이 중재기관으로 지정되는 경우가 적지 않다. 그런데 2012년, CIETAC에 내분이 일어나 국재중재 실무가 사이에 큰 화제가 되었다. CIETAC은 베이징(北京)에 본부가 있고, 상하이(上海)와 화난(華南)(선전시, 深圳市)에 '분회(分會)'가 있어, CIETAC 상하이, CIETAC 화난이라고 불렸다. 원래 CIETAC 상하이와 CIETAC 화난은 CIETAC 베이징과는 별개의 중재기관이었고, 베이징 본부에 대해 독립적인 지위를 인정받았다. 그런데 CIETAC 베이징이 2012년에 CIETAC 중재규칙을 개정하여, 상하이와 화난에 대한 통제를 강화하자, 상하이와 화난은 이에 반발하여 독자의 중재규칙을 제정하였다. 그래서 CIETAC 베이징은 CIETAC 상하이와 CIETAC 화난을 '파문'하고, 상하이와 선전에 새로운 CIETAC 분회를 설립하였다. 한편 구CIETAC 상하이와 구CIETAC 화난은 각각 '상하이국제경

1) 역자 주: 대한민국에는 대한상사중재원(KCAB)이 있다.

제무역중재위원회 / 상하이국제중재센터(SHIAC)', '화난국제경제무역중재위원회 / 신전국제중재원(SCIA)'으로 명칭을 변경하여 독립한 중재기관으로 존속하고 있다. 그 결과 상하이와 선전에는 복수의 중재기관이 존재하게 되었다.

단순하게 복수의 중재기관이 있는 것이라면 큰 문제가 되지 않겠지만, 구CIETAC 상하이나 구CIETAC 화난을 중재기관으로 하는 중재조항을 어떻게 다루어야 하는지 불명확해지는 문제가 발생한다. 실제 SHIAC과 SCIA의 중재판정의 집행이 상하이나 광둥성(廣東省) 이외의 지역에서 인정되지 않은 사례도 보고되고 있다. 또한 CIETAC의 새로운 분회는 이제 막 설립되었기에, 당사자의 기대에 부합하는 정도의 운영체제가 확립되기까지 조금 더 시간이 걸린다는 지적도 있다.

일본기업으로서는 중재조항의 작성이나, 중국에서의 중재신청에 있어 이러한 점을 충분히 유의해야 할 필요가 있다.

▨ 중재규칙의 비교

그렇다고 하여도, 어느 중재기관으로 할지를 선택하기 위한 기준이 필요한 경우도 있을 것이다. 이러한 경우에 참고할 수 있도록 각 중재기관의 중재규칙을 비교해본다.

우선 첫 번째는 중재판정에 대한 심사가 있는지 여부다. ICC와 SIAC에는 이와 같은 제도가 있어, 중재인이 중재판정문의 초안을 작성하는 단계에서 중재기관이 이 중재판정을 검토한다. 물론 내용에 관해서는 중재인이 판단하는 것이지만, 형식적인 점에서 오류가 없는지를 체크한다. 예컨대, 이자의 계산이 잘못되어 있지는 않은지 등과 같은 점도 본다. ICC나 SIAC라면 오류가 적을 것이라고 여겨질 수 있고, 따라서 안심할 수도 있을 것이다. 그 외의 중재규칙에는 이러한 제도가 없다.

두 번째는 긴급중재인제도이다. 이것은 중재인이 선택될 때까지 중재기관이 신속하게 긴급중재인을 선택하여 그 긴급중재인이 가압류 등의 보전명령을 내릴 수 있도록 하는 제도이다. 이것은 비교적 새로운 제도로 ICC의 경우에 2012년부터 도입되었다. 또한 JCAA의 중재규칙도 2014년 2월에 개정되어 새로운 규칙에서는 긴급중재인제도가 도입되었다. 이러한 제도가 있는지 여부도 한 가지의 포인트가 된다.

세 번째는 간이절차(Expedited Procedure)[2]를 규정하고 있는지 여부다. 이것은 소액의 분쟁 등에 관해서 중재판정이 내려지는 기간이 중재인이 선택되고 나서 3개월 이내 또는 6개월 이내 등으로 되어 있고, 중재인의 수도 1인이며, 중재의 심리절차도 구두심리(Hearing) 없이, 서면심리로 끝내는 제도이다. 이를 규정하고 있는 중재기관으로서는 일본의 JCAA, 싱가포르의 SIAC, 홍콩의 HKIAC, 스톡홀름의 중재기관인 SCC(스톡홀름상업회의소중재법원) 등이 있다.[3]

네 번째 점은 비용이다. 중재에 필요한 비용의 계산방법에 관해서도 각 중재기관의 중재규칙에 따라 달리 정하고 있다. 중재에 드는 비용에는 법률사무소에 지불하는 비용 외에, 중재인의 수당과 중재기관에 지불하는 비용이 있다. 중재규칙은 중재인의 수당과 중재기관에 지불하는 관리비용에 대해 규정하고 있다. 예컨대 ICC의 경우에 ICC의 홈페이지에 분쟁의 금액(청구금액)과 중재인의 수를 넣으면 중재인의 수당과 중재기관에 지불하는 관리비용이 표시된다. 예컨대 청구금액이 50억엔으로 중재인을 3인을 선택한다면, 중재인 수당에는 약간의 폭이 있는데, 최저 약 2000만엔, 최고 약 8000만엔이다. 그리고 ICC에 지불하는 관리비용은 약 1000만엔이 된다.

중재에 드는 비용의 계산방법에는 크게 나누어 2가지가 있다. 한 가지는 ICC와 같이 청구금액에 비례하여 중재인 수당이나 관리비용을 결정하는 방법이다. 또 한 가지로는 LCIA 등과 같이 중재인의 실제 활동시간에 시간단가를 곱하여 산출하는 방법이 있다. 일률적으로 어느 쪽이 좋다고 할 수 없지만, 분쟁금액에 비례한 계산방법이라면, 분쟁을 시작하는 단계에서 어느 정도 중재에 드는 비용을 알 수 있기 때문에 그러한 점에서는 분쟁금액에 비례한 방법이 좋다고 생각한다.

대표적인 중재기관의 비용 계산방법은 <표 2-1>에 정리하였다. 또한 비용에 관해서, 어떻게 하면 저렴하게 끝낼 수 있는지에 관해서는 제7장에서 상세하게 설명하기로 한다.

---

2) 역자 주: 또는 신속절차라고도 한다.

3) 역자 주: 대한민국의 중재기관인 대한상사중재원의 중재규칙에도 신속절차가 규정되어 있다.

표 2-1 대표적인 중재기관의 비용의 계산방법

① 종가방식: 분쟁금액에 기초한 산정

	중재인 수당	중재기관비용
ICC	중재규칙에서 정한 일람표에 따른 분쟁금액에 비례한 방식	신청비용 : 미화 3,000달러 관리비용 : 중재규칙에서 정한 일람표에 따른 분쟁금액에 비례한 방식
SIAC	중재규칙에서 정한 일람표에 따른 분쟁금액에 비례한 방식	신청비용 : 2,000싱가포르 달러 관리비용 : 중재규칙에서 정한 일람표에 따른 분쟁금액에 비례한 방식
HKIAC	당사자의 합의에 의해 ① 시간단가, ② 중재규칙에서 정한 일람표에 따른 분쟁금액에 비례한 방식 중 하나를 선택	신청비용 : 8,000홍콩 달러 관리비용 : 중재규칙에서 정한 일람표에 따른 분쟁금액에 비례한 방식

※ ICC, SIAC, HKIAC는 각 홈페이지에서 중재인 수당과 관리비용의 계산이 가능하다.[4]
ICC : http://www.iccwbo.org/
SIAC : http://siac.org.sg/
HKIAC : http://hkiac.org/

② 시간단가 방식

	중재인 수당	중재기관비용
LCIA	1시간당 450파운드를 상한으로 한 시간단가	신청비용 : 1,750파운드 관리비용 : 시간에 비례한 액수

③ 혼합방식 : 중재인 수당-시간단가 방식, 관리비용-분쟁금액에 비례한 방식

	중재인 수당	중재기관비용
JCAA	시간단가 (1시간 당 3만~8만 엔)	신청비용 : 없음 관리비용 : 중재규칙에서 정한 일람표에 따른 분쟁금액에 비례한 방식
AAA/ ICDR	시간단가	신청비용 및 그 후의 비용 : 중재규칙에서 정한 일람표에 따른 분쟁금액에 비례한 방식 - 'Standard 형'과 'Flexible 형'

---

4) 역자 주: 대한상사중재원의 홈페이지에서도 중재인 수당과 관리비용의 계산이 가능하다. 대한상사중재원
  : www.kcab.or.kr

④ 순수한 임의중재(*ad hoc* 중재)

	중재인 수당	중재기관비용
UNCITRAL	중재인이 결정 '합리적'인 금액이어야 한다.	없음(다만 선임기관이 지정되어 당해선임기관 이 비용을 청구하는 경우가 있음)

■ 중재기관의 정식명칭을 틀리지 않도록

중재조항의 초안을 작성할 때, 단순하지만 틀리는 경우가 많은 것이 중재기관의 명칭이다. 유사한 이름의 중재기관도 있기 때문에, 중재기관의 명칭은 주의하여 정식명칭을 정확하게 써야 한다. 이것이 불명확하면, 중재합의가 있었는지 여부, 어느 중재기관을 이용하는지를 알 수 없게 되어버리고 만다.

참고로 일본기업이 많이 당사자가 되는 중재기관은 어디인가에 관해서 2011년의 통계를 <표 2-2>에 적어두었다. ICC의 경우 일본기업이 당사자가 되는 사건 수가 매년 15~30건이다. 흥미로운 것은 ICDR이 49건으로 ICC보다 많다는 것이다.

표 2-2 일본기업이 많이 당사자가 되는 중재기관은?

중재기관	2011년 사건 수	일본기업이 당사자가 되는 사건 수
China International Economic and Trade Arbitration Commission (CIETAC)	1,435	공표되지 않음
Hong Kong International Arbitration Centre (HKIAC)	502	9
International Centre for Dispute Resolution-American Arbitration Association (AAA-ICDR)	994	49
International Chamber of Commerce (ICC)	796	매년 15-30정도
Japan Commercial Arbitration Association (JCAA)	27	27
London Court of International Arbitration (LCIA)	224	1
Singapore International Arbitration Center (SIAC)	188	7

제 3 절

중재인과 중재지의 선택방법

■ 중재인의 수와 인선(人選)

중재규칙을 선택하였다면, 다음은 중재인의 수와 중재인의 선정방법을 정해야 한다. 일반적으로 중재인의 수로 3인이 무난하다. 일본속담에 '세 사람이 모이면 문수보살의 지혜가 나온다'는 말이 있듯이, 3인이 서로 논의한다면 이상한 판정이 나오기 어렵다는 말이다. 중재인 3인을 선정하는 경우, 각 당사자가 1인씩 선정하기 때문에 중재인 1인을 자신이 선정할 수 있다는 이점이 있다. 다만 중재인을 3인으로 하게 된다면 3인의 중재인에 대하여 보수를 지불해야 하기 때문에, 비용이 높아지게 된다. 그래서 분쟁금액이 적은 경우에는 중재인을 1인으로 하는 선택도 가능하다. 어디까지나 일반적인 기준이지만 분쟁금액이 10억엔 이하인 사건의 경우라면 중재인을 1인으로 하는 방향으로 검토하는 편이 좋을 것이다.

중재인을 선정하는 방법을 어떻게 결정해둘 것인가 하는 점은 기본적으로는 중재인의 선택에 있어 어느 정도 관여하고 싶은지에 관한 것으로, 각 당사자가 1인씩을 선정하고, 그 선정된 2인이 세 번째 중재인을 선택하는 것을 추천한다.

ICC의 경우 합의가 없으면, 각 당사자가 1인씩을 선택한다고 하여도 세 번째 중재인은 ICC가 선정한다. 이 때문에 세 번째 중재인의 선정에도 당사자의 의견을 반영시키기 위해서는 가능한 한 선정방법을 정하여 두는 쪽이 좋다고 본다.

▒ 중재인의 자격

다음은 중재인의 자격이다. 중재조항으로 중재인의 자격을 정하는 것도 가능하다. 예컨대 '제3국의 국적을 가지고 있으며, 석유업계의 실무에 밝은 자'와 같이 정하는 방법이 있다. 중재인으로 적합한 자를 선정하기 위해서는 이러한 자격제한이 효과적인 경우도 있다. 그러나 중재인의 자격을 심하게 한정하는 것도 생각해봐야 할 점이 있다. 예컨대 '브라질 법상 자격을 갖춘 변호사이며, 브라질에서 10년 이상 실무경험이 있고, 일본어를 이해할 수 있어야 한다'라고 자격을 정하면, 분쟁이 생기는 경우 중재인으로서 이러한 자격을 가진 적절한 사람이 있을지에 대해 다소 의문이 들 수도 있다. 만약 구할 수 있다 하더라도 최소한 선정할 수 있는 중재인이 줄어들게 된다. 더구나 '브라질에서 10년 이상 실무경험'이라고 하더라도 무엇을 의미하는지가 확실하지 않다. 상대방이 자격이 없다고 할 가능성도 있다. 따라서 지나치게 자격을 제한하지 않는 편이 현명하다.

▒ 중재지의 선택

중재조항에는 중재지에 관한 내용을 포함시킨다. 주의해야 할 것은 여기서 말하는 '중재지'는 법적인 개념이라는 것이다. 간단하게 말하자면 '어디의 중재법이 적용되는가' 정하는 문제가 된다. 예컨대 영국을 중재지로 하면 영국의 중재법이 적용된다. 일본을 중재지로 하면 일본의 중재법이 적용된다. 일본을 중재지로 한다면 중재절차 중간에 법원의 도움이 필요하게 된 경우 일본의 법원에 가게 된다. 중재지라는 것은 이러한 의미를 가지는 법적 개념이며 실제로 어디에서 중재를 할 것인가는 다른 문제이다. 그렇기 때문에 일본과 홍콩 기업의 계약에서, 중재지를 런던으로 한다고 하여도 실제 히어링을 런던에서 할 필요는 없다.

당사자 간에 합의하여 싱가포르나 푸켓에서 개최하는 것도 가능하다. 실제로 중재지가 싱가포르로 되어 있다면 싱가포르에서 진행하는 것을 전제로 하는 경우가 많다고 생각하지만, 반드시 중재지에서 모든 것을 진행할 필요는 없다는 것을 이해해 둘 필요가 있다.

중재지를 선택하는 기준으로 우선 첫 번째는 중재지는 뉴욕협약의 가입국으로 해두어야 한다. 앞장에서 설명한 대로 중재판정을 집행하기 위해서는 그 재산이 있는 국가의 법원에 집행을 신청해야 한다. 뉴욕협약은 당사국이 '집행가능한 중재판정은 뉴욕협약 가입국을 중재지로 하는 중재판정에 한한다'라는 조건을 붙일 수 있다고 정한다. 이것을 상호주의라고 한다. 일본을 포함하여 이러한 조건을 붙인 국가가 상당수 있다. 장래 가능한 한 많은 국가에서 집행가능한 중재판정을 얻을 수 있다는 점에서, 중재지는 뉴욕협약의 가입국으로 선택해야 한다.

두 번째는 법원으로부터 간섭받기 어려운 국가나 지역을 선택하는 것이다. 중재는 사적분쟁해결제도이기 때문에 가능한 한 법원의 관여가 적은 곳이 바람직하다. 세계 여러 나라 중에는 법원이 중재에 과도하게 개입하는 경향이 있는 국가가 있다. 인도 등이 그 전형적인 예이다.

어떤 문제가 있는지에 대해 설명해 보자면, 일정한 경우 법원에 중재판정의 취소를 신청할 수 있도록 한 국가들이 있다. 예컨대 일방 당사자가 중재인에게 뇌물을 증여하는 등 누가 생각하여도 불공평한 경우에는 중재판정의 취소가 인정되는 것이 당연하다. 그러한 신청은 중재지의 법원의 관할이다. 그러한 신청에 대해서 중재지의 법원이 적정하게 판단해 준다면 좋겠지만, 중재판정의 내용까지 간섭받아는 것은 곤란한 일이다.

따라서 그러한 위험성이 낮은 장소를 중재지로 선택할 필요가 있다. 이것은 대단히 중요하다. 법원의 개입은 중재판정의 취소만으로 끝나는 문제가 아니다. 확실한 중재합의가 있음에도 일방당사자가 법원에 중재의 금지를 신청하는 것도 생각할 수 있다. 그러한 경우에도 그 법원이 중재합의를 존중하지 않는다면, 법원의 절차와 중재절차가 병행하여 진행하는 등 취사선택이 곤란한 혼란을 초래할 수도 있기 때문에 주의가 필요하다.

세 번째는 중재법이다. 중재지의 중재법이 적용되기 때문에 그 중재법이 확실한지 여부를 확인할 필요가 있다. 예컨대 UNCITRAL이 모델법을 만들었기 때문에 그것에 기초한 중재법을 정한 국가 등이 적절하다. 또는 모델법과는 다르지만 영국이나 프랑스 등에도 확실한 중재법이 있기 때문에 중재지로서 권유할 수 있다.

마지막으로는 실무적인 이야기이지만, 편리성과 중립성이다. 심리를 하는 장소의 인터넷 환경과 통역사 섭외의 편의 등을 검토해둘 필요가 있다. 아프리카의 오지 등에서 하면 Wi-Fi도 잡히지 않기 때문에 곤란하다.

또한 중재의 대리인이 중재지의 변호사일 필요는 없다. 싱가포르를 중재지로 하였다고 해서 싱가포르의 변호사를 고용해야만 하는 것은 아니다. 단순하게 싱가포르에서 진행하여 심리를 할 뿐이라면 싱가포르의 변호사일 필요는 없다.

Column 인도네시아를 중재지로 선택한다면

중재지의 중요성을 보여주는 흥미로운 사례를 소개한다. 이것은 전력구입계약을 위반하였다 하여 민간기업이 인도네시아에 대해서 UNCITRAL 중재를 신청한 사안이다 (Himpuma California Energy Limited v. Republic of Indonesia). 당사자의 계약에서는 자카르타가 중재지로 되어 있었다. 이 때문에 중재절차에서는 인도네시아의 중재법이 적용되었으며 또한 계약의 준거법도 인도네시아 법이다.

중재절차가 시작된 후 자카르타의 법원은 인도네시아의 신청으로 중재인(스웨덴인, 오스트레일리아인, 인도네시아인, 총 3인)에 대해 자카르타에서 중재절차를 진행할 수 없도록 명령하고 중재인이 중재절차를 진행한 경우에는 1일에 미화 100만 달러(약 1억 엔)를 지불하도록 명령하였다.

이 때문에 중재인은 자카르타가 아닌 네덜란드의 헤이그에서 중재절차를 진행하는 것에 합의하였다(법적인 의미에서의 중재지는 그대로 자카르타였다). 다만 일은 그렇게 단순하게 진행되지 않았다.

심리제기 전날 인도네시아인 중재인이 암스테르담 공항에 도착하자, 인도네시아 대사관의 직원이 기다리고 있었고, 곧바로 인도네시아로 돌아가도록 요구하였다. 인도네시아인 중재인은 다른 2인의 중재인이 보고 있는 앞에서, 울면서 인도네시아로 돌아가지 않을 수 없었다. 결국 다음날의 심리는 인도네시아인인 중재인을 빼고 진행되었다.

이와 같이 중재지의 법원이 중재절차에 개입하는 일이 실제로 존재하기 때문에 중재지를 어디로 할 것인가는 당사자에게 대단히 중요하다.

▒ 추천 중재지

<표 2-3>은 추천 중재지를 나열한 것이다. 이와 같은 곳은 문제없는 중재지로 안심할 수 있다고 생각한다. 도쿄는 치안이 좋고 IT환경이나 회의, 숙박

시설 등이 훌륭하며 레스토랑 등은 세계최고수준이라고 하여도 과언이 아니다. JCAA라는 훌륭한 중재기관도 있다. JCAA가 아니라도 ICC(또는 다른 주요한 중재기관)의 중재에서 중재지를 도쿄로 하는 것도 추천한다. 다만 일본기업의 경우는 상대방이 동의하지 않을 수 있기 때문에 일본 이외의 장소로 해야만 할 수도 있겠지만, 제안할 가치는 있다고 생각한다.

홍콩도 추천 장소이며 대단히 인기가 많다. 뉴욕협약에 가입되어 있고 중재법도 확실하다. 특히 홍콩을 추천하는 것은 중국기업이 상대방인 경우이다. 중국은 뉴욕협약에 가입되어 있지만, 법원이 과도하게 개입하는 경향이 지적되고 있다. 중국본토와 홍콩 사이에는 중재판정의 상호집행에 관한 협약이 있어 홍콩을 중재지로 하는 중재판정은 중국의 법원에서 집행받기 쉽다고 하는 견해도 있다. 중국본토에서 집행하는 것을 고려한다면 홍콩을 중재지로 하는 것을 추천한다.

그림 2-1 추천 중재지

| 프랑스 파리 | 영국 런던 | 스위스 제네바 | 싱가포르, |
| 스웨덴 스톡홀름 | 미국 뉴욕 | 홍콩 | 일본 도쿄 |

다음은 싱가포르로 중재 유치에 가장 열성적이다. 싱가포르는 뉴욕협약에 가입하였고 중재법도 문제없다. 특히 인도 기업을 상대방으로 하는 경우에는 싱가포르를 추천한다. 인도의 법원은 앞서 서술한 바와 같이 중재에 개입하는 경향이 있지만, 싱가포르를 중재지로 하는 중재판정에 관해서는 집행한 예가 있다. 인도 기업과 관련된 분쟁에서는 싱가포르를 중재지로 하는 것이 시장관행이

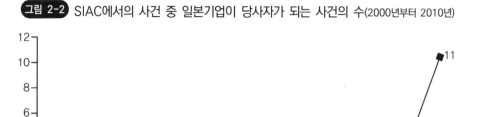

그림 2-2 SIAC에서의 사건 중 일본기업이 당사자가 되는 사건의 수(2000년부터 2010년)

되었다. 또한 그 이외에도 싱가포르는 비교적 비용이 저렴하기 때문에 일본기업도 이용하고 있는 것을 <그림 2-2>에서 알 수 있다.

제 **4** 절

사용언어와 비밀유지 등

▦ 중재에서의 사용언어

또 한 가지 선택해야 하는 사항으로서는 중재절차에 사용하는 언어가 있다. 기본적으로는 계약서에 사용된 언어를 선택하는 것이 보통이다. 그리고 스페인어나 프랑스어도 비교적 많이 사용되고 있다. 적게 사용되는 언어를 선택하여 중재인이 그 언어를 이해할 수 없으면 곤란하다. 가능한 한 많이 사용되는 언어인 영어 등을 선택하는 편이 무난하다.

그리고 2개 국어를 중재언어로 선택하는 경우도 있다. '영어와 스페인어'와 같은 중재조항도 실제 사용되고 있다. 다만 2개 국어를 선택한다면, 번역이나 통역의 비용이 늘어나기 때문에 가능한 한 하나의 언어를 선택하는 편이 좋다고 생각한다.

▦ 비밀유지

중재조항에서 정할지 여부를 상황에 따라 결정하게 되는 사항들도 있다.

첫 번째는 비밀유지이다. 앞장에서도 설명하였지만, 중재절차는 기본적으로 비공개로 진행되며 중재판정도 당사자의 합의가 없으면 공개되지 않는다. 그러한 한도에서는 어느 정도 비밀이 유지된다. 그러나 그 당사자에게 비밀유지의무가 부과되는지 여부는 중재규칙이나 중재법에 의해 정해진다. 비밀유지의무가 중재규칙이나 중재법에 정해져 있지 않은 경우도 있다. 따라서 비밀유지에 유념해야 하는 경우에는 중재조항 중에 당사자의 비밀유지의무를 정해둘 필요가 있다. 다만 그 경우에도 상장기업에게는 상장규칙이나 법령에서 개시가 요구되기도 한다. 예외에 대해서도 규정해두지 않으면 비밀유지의무 위반이 되기 쉽기 때문에 주의가 필요하다.

문서개시

중재조항에서 디스클로져(디스커버리)나 문서제출의무의 범위를 한정하는 것도 가능하다. 중재조항에 어떠한 것도 정해져 있지 않으면, 기본적으로는 중재인의 재량으로 문서제출 명령을 내리는 것이 가능하다. 일반적으로 미국에서의 소송 등에서 상정되는 것 같은 대규모의 디스커버리는 국제중재에서 잘 시행되지 않는다. 디스클로져나 문서제출의무의 범위를 중재조항에서 정하는 경우 불명확한 문언을 사용한다면, 어떤 문서가 제출의무의 범위에 포함되는지에 대해서 다툼이 발생하기 쉽기 때문에 명확하게 정해둘 필요가 있다.

또한 중재조항의 초안을 작성하는 단계에서는 실제로 분쟁이 생긴 경우 상황이 어떻게 될지 모르는 것이 보통이다. 이 때문에 문서제출의무의 범위를 지나치게 한정해두면 실제 분쟁이 생긴 경우에 필요한 문서의 제출을 요구하지 못하는 경우도 있기 때문에 균형있게 할 필요가 있다. 그래서 국제변호사협회(IBA)가 발표한 '국제중재증거조사규칙' 사용을 검토해야 한다. 이것은 디스클로져의 범위에 관해서도 비교적 합리적으로 다루고 있다.

따라서 중재조항에서 이를 디스클로져의 가이드라인으로 이용하도록 중재조항에 정해두고 중재인에게 재량의 여지를 남겨두기 위해 필요한 문서의 제출 요구도 가능하게 해두는 것이 좋다고 생각한다. 한편 디스클로져의 절차에 관해서는 제5장에서 상세하게 설명한다.

간이절차 · 신속절차

그리고 또 한 가지는 간이절차·신속절차의 이용이다. 앞에서 조금 설명한 바와 같이, 소액의 분쟁에 관해서는 가능한 한 싸고 신속하게 해결하고자 하는 요구가 강할 것이다. 중재조항 중에서 예컨대 '얼마 이하의 분쟁에서 중재판정은 몇 개월 이내로 하여야 한다'고도 정할 수 있다. 다만 자신들의 필요에 따라 지나치게 다양한 내용으로 조항을 작성한다면 내용이 불명확하게 되어 불필요한 분쟁이 생기기 쉽다. 앞서 설명한 대로 가능한 한 중재규칙에서 정한 간이절차를 이용하도록 하는 편이 좋을 것이다.

■■ 비용

당사자가 중재의 비용을 어떻게 부담할지에 관해서도 중재조항에서 정할 수 있다. 중재비용과 부담에 관하여 정하지 않는 경우에도 중재인은 일반적으로 재량으로 중재에서 패한 당사자에게 비용을 부담시킬 수 있다고 생각할 수 있다. 따라서 비용에 관해 정하지 않았다고 하더라도 그렇게 큰 문제가 되지 않는다. 반대로 '중재비용은 패한 측이 전부 부담한다'고 명기한다면 불필요한 주장이나 입증을 한 측이 이긴 경우에 불공평한 결과를 낳기 때문에, 중재인에게 재량의 여지를 남겨두는 편이 좋다고 할 수 있다.

■■ 사전교섭의무

그리고 중재절차 전에 교섭이나 조정을 거칠 것을 규정해둘 수도 있다. 이를 위해 예컨대 교섭에 관해서 '상대방에게 서면으로 교섭을 통지한 날로부터 30일 이내 또는 45일 이내에 분쟁이 해결되지 않는 경우에 이 분쟁은 중재로 해결한다'와 같이 정해둠으로써 기간을 명확하게 해두지 않으면 상대방이 교섭을/중재를 쓸데없이 지연시킬 가능성이 있기 때문에 주의해야 한다.

■■ 제3자의 절차참가

중재에 3개 이상의 기업이 관여하는 경우가 있다. 이러한 경우에는 예컨대, 제3자가 중재에 참가할 수 있는지 여부와 같은 것에 관해서 정해둘 필요가 있게 된다. 이는 꽤 복잡하기 때문에 이러한 중재조항을 삽입하는 경우에는 반드시 전문가의 조언을 얻을 필요가 있다.

제 **5** 절

좋은 조항과 나쁜 조항

좋은 조항

중재조항 초안을 작성할 때에는 이용할 중재기관이 내놓은 모델중재조항을 출발점으로 하는 것이 좋다. 참고를 위해 ICC와 JCAA를 예로 든다(표 2-3). 이들 모델중재조항에 지금까지 서술한 중재언어나 중재지, 중재인의 수, 중재인을 선택하는 방법 등을 추가한다면 좋은 중재조항이 될 수 있다.

중국과 관련하여 모델중재조항을 이용하는 경우에는 주의가 필요하다. 중국의 중재법에서는 중재조항 중에 중재규칙뿐만 아니라 이용할 중재기관을 반드시 기재하도록 하는 경우가 있다. ICC 모델중재조항에서는 중재기관이 기재되어 있지 않기 때문에 중국에서 사용하기 위해서는 중재기관을 넣은 중재조항을 사용할 필요가 있다. 약간 사소한 점이지만, 중국과 관련해서 주의해야 할 점이다.

지금까지 설명한 것들을 정리하면 다음과 같은 중재조항이 도출된다(표 2-4). 'Any and all disputes arising out of or in connection with the present contract'에서와 같이 분쟁의 범위를 넓게 기재한다. 그리고 'shall be finally settled by arbitration'이라고 하여 종국적으로 중재로 해결한다는 것을 명확하게 하고 있다. 그 후 'under the Rules of Arbitration of the International Chamber of Commerce'에서 중재규칙으로서 ICC의 중재규칙을 사용하는 것을 명기하고 있다. 그 아래는 중재지로서 'Tokyo, Japan'을 적어서 도쿄를 중재지

표 2-3 모델중재조항

ICC

"All disputes arising out of or in connection with the present contact shall be finally settled under the Rules of Arbitration of the International Chamber of Commerce by one or more arbitrators appointed in accordance with the said Rules."

본 계약에서 기인하거나 관련하여 발생하는 모든 분쟁은 국제상업회의소의 중재규칙에 기초하여 당해규칙에 따라 선정된 1인 또는 복수의 중재인에 의해 최종적으로 해결되는 것으로 한다.

JCAA

"All disputes, controversies or differences which may arise between the parties hereto, out of or in relation to or in connection with this Agreement shall be finally settled by arbitration in (name of city), in accordance with the Commercial Arbitration Rules of The Japan Commercial Arbitration Association."

이 계약으로부터 또는 이 계약에 관해서 당사자 간에 발생하는 모든 분쟁, 논쟁 또는 의견의 다툼은 일반사단법인 일본상사중재협회의 상사중재규칙에 따라 (도시명)에서 중재에 의해 최종적으로 해결하는 것으로 한다.5)

로 한다. 그 아래에서는 중재인의 수를 3인으로 하고 있다. 중재인의 선정방법은 각 당사자가 1인씩 선택하고 세 번째 중재인은 선택된 2인이 선정한다고 정해두고 있다. 마지막으로 중재언어는 영어로 하고 있다.

　　이것이 간단하고 좋은 중재조항의 예가 된다. 번역된 예문도 참고하길 바란다.

---

5) 역자 주: KCAB (대한상사중재원)
　"Any disputes arising out of or in connection with this contract shall be finally settled by arbitration in Seoul in accordance with the International Arbitration Rules of the Korean Commercial Arbitration Board."
　· The number of arbitrators shall be [one / three]
　· The seat, or legal place, of arbitral proceedings shall be [city / country]
　· The language to be used in the arbitral proceedings shall be [language]
　이 계약으로부터 발생되는 모든 분쟁은 대한상사중재원에서 국제중재규칙에 따라 중재로 해결한다.
　· 중재인의 수 [1/3]
　· 중재지 [도시/국가]
　· 중재에 사용될 언어 [언어]

표 2-4 좋은 중재조항의 예

"Arbitration. Any and all disputes arising out of or in connection with the present contract shall be finally settled by arbitration under the Rules of Arbitration of the International Chamber of Commerce.

· The place of arbitration shall be Tokyo, Japan.

· There shall be three arbitrators, one nominated by the initiating party in the request for arbitration, the second nominated by the other party, and the third, who shall act as president of the arbitral tribunal, nominated jointly by the other two arbitrators.

· The language of the arbitration shall be English."

"중재. 본 계약에 기인 또는 관련하여 발생한 모든 분쟁은 국제상업회의소의 중재규칙에 기초하여 중재에 의해 최종적으로 해결하는 것으로 한다.

· 중재지는 일본 도쿄로 한다.

· 중재인의 수는 3명으로, 1명은 중재를 신청한 당사자가 중재신청서에 지명하고 다른 1명은 상대방 당사자가 지명하고, 판정부의 장이 되는 세 번째 중재인은 다른 2명의 중재인이 공동으로 지명한다.

· 중재의 언어는 영어로 한다."

나쁜 조항

다음은 중재조항으로서 나쁜 예이다.

영어로 그러한 문제가 있는 조항을 'Pathological 조항'이라고 한다. 직역하면 '병든 조항'이 되지만, '실패작'을 의미한다. 몇 가지 예를 들겠지만, 이들은 모두 실제로 볼 수 있는 것이며 제대로 기능하지 않는 조항이다.

첫 번째는 'In case of arbitration, the ICC Rules of Arbitration shall apply; in case of litigation, any dispute shall be brought before the Tokyo District Court'라는 조항이다. 여기에는 어떤 분쟁이 중재로 가는지, 어떤 분쟁이 재판으로 가는지 적혀 있지 않다. 때문에 어떤 사건을 어떤 분쟁해결수단으로 해결하는지 불명확하다. 이러한 조항은 제대로 기능하지 못한다.

두 번째는 'Arbitration, if any, by LCIA Rules in London'과 같은 중재조항이다. 여기서의 문제는 'if any'라는 단어이다. 이것은 '중재를 하는 경우에는 LCIA중재규칙에 의해 런던에서 한다'라는 의미이지만 그 밖의 경우에는 어떻게 하는지 의문이 남게 된다. 이것도 중재조항으로서는 불명확하며 불필요한 분쟁을 일으킬 수 있다.

세 번째는 'All dispute arising in connection with the present

agreement shall be submitted in the first instance to arbitration'이라는 조항이다. 이것은 위의 두 가지의 예와는 시점(視點)이 다르다. 문제는 'in the first instance'(제1심에서)라는 부분이다. 그렇다면 제2심이 있는 것인가. 제3심은? 중재판정에 불복이 있다면 항소할 수 있는 것인가? 이 중재조항은 이와 같은 의문에 답할 수 없다. 경우에 따라서는 중재판정이 나온 후 상대방이 이 조항을 기초로 하여 법원에 항소할지도 모른다. 이 경우 어떤 법원에 항소할 수 있는 것인가? 항소할 수 있는 이유에 제한은 있는 것인가? 이와 같이 불명확한 중재조항에는 매우 큰 리스크가 있다.

▪ 실제로 있었던 나쁜 조항

다음에 드는 중재조항의 예(표 2-5)는 실제로 있었던 것을 당사자 등을 알수 없도록 한 것이다.

이것도 앞에서 본 것과 같이 중재조항의 효력에 문제가 있는 예들이다. 우

표 2-5 나쁜 조항의 실제 사례

14.1   Subject to Section 14.2, any legal action arising out of or in connection with this Agreement may be instituted in the High Court of Justice of England and Wales and each Party irrevocably submits to the exclusive jurisdiction of that Court in any such action. Service of process, summons, notice or other document by mail to such Party's address set forth herein shall be effective service of process for any suit, action or other proceeding brought in any such court. The Parties irrevocably waive and agree not to plead or claim in any such court any objection to the laying of venue or that any such action brought in any such court has been brought in an inconvenient forum.

14.2   Notwithstanding Section 14.1, in the event that there is a dispute arising out of or in connection with this Agreement or the transactions contemplated hereby that (i) would include, or involve, the Local JV Partner as a party (whether as a respondent, cross-claimant, contributing party or otherwise) and (ii) involves common questions of law or fact with a dispute between the Purchaser and the Local Partner arising out of or in connection with SPA JV, then such dispute shall be referred to and finally resolved by arbitration under the Rules of the Singapore International Arbitration Centre (SIAC), which rules are deemed to be incorporated by reference into this Section 14.2. In the event of such an arbitration:

(a) The number of arbitrators shall be three, each of whom shall be appointed under the applicable SIAC Rules. The seat, or legal place, of arbitration shall be Singapore.

선 첫 번째의 문제로서는 지나치게 길고 복잡하다는 점을 들 수 있다.

보통, 지나치게 길고 복잡한 중재조항은 위험하다.

내용을 구체적으로 보도록 한다. 이것은 조인트벤처 거래계약에 있는 조항이다. 이 조항의 목적은 기본적으로 분쟁은 모두 잉글랜드 및 웨일즈의 법원에서 해결하지만, 예외로서 현지의 JV 파트너가 관계하는 경우는 중재로 해결하는 것이다. 우선 14.1 항의 모두(冒頭)에서 'any legal action arising out of or in connection with this Agreement may be instituted in the High Court of Justice of England and Wales and each Party irrevocably submits to the exclusive jurisdiction of that Court in any such action'이라고 정하고 있다. 이것은 이 계약으로부터 발생하는 또는 이 계약에 관계되는 법적 절차는 잉글랜드 및 웨일즈 고등법원에 신청할 수 있고, 그 법원에 전속관할이 있다고 합의하는 것이 된다. 이 부분만 있다면 문제는 없다. 그러나 문제는 다음의 14.2항이다. 여기서는 'Notwithstanding Section 14.1'(14.1항에 상관없이)으로서, 이하의 경우에는 14.1항이 적용되지 않게 된다. 우선 (i)에서 현지의 JV파트너가 관계하고 포함되는 경우에는 싱가포르의 중재기관인 SIAC의 중재규칙에 기초하여 중재를 하게 된다. 읽어보면 바로 의문이 생기겠지만, 무엇을 가지고 JV파트너가 관계하고 포함되는 것인지 알 수 없다. 또한 (ii)에 따라 'common questions of law or fact'가 포함되는 경우에도 중재로 해결하는 것이 된다. 'common questions of law or fact'란 무엇을 의미하는 것인가? 이 중재조항만으로는 알 수 없다. 결국 이 중재조항으로는 어떤 경우에 중재로 해결해야 하는 것인지, 어떤 경우에 재판으로 해결해야 하는지가 매우 불명확하다.

▨ 중재규칙의 수정

그 다음으로, 중재조항에서 선택한 중재규칙을 수정하는 경우를 볼 수 있다. 예컨대 ICC의 중재규칙을 선택하면서, 그 중재규칙 중 일부의 적용을 배제하는 중재조항이다. 이와 같은 중재규칙의 수정은 가능한 것인가?

이 문제에 대한 간결한 답은 '가능한 경우도 있지만, 어렵고, 위험하다'는 것이다. 유명한 예로서 ICC 중재규칙을 선택하면서 ICC에 의한 중재판정의 리뷰를 배제한 사례가 있다. ICC 및 프랑스의 법원은 모두, 당사자의 합의로 ICC

의 기본적인 절차를 배제하는 것은 불가능하고, 이와 같은 중재조항의 효력을 인정할 수 없다고 판단하였다.

따라서 중재규칙을 합의에 의해 수정하는 경우에는 세심한 주의가 필요하다.

■ 문제가 있는 크로스식 조항

계약의 일방당사자가 일본의 기업인 경우에 자주 사용되는 것이 '크로스식 조항'이다. 예컨대, 'The arbitration shall be held in Paris, France if Japanese Party requests the arbitration, or Tokyo, Japan if French Party requests the arbitration'이라고 하는 조항이다. 이것은, 요약하자면, 중재를 신청하는 경우에 상대방의 국가를 중재지로 하는 합의다. 예컨대, 일본 기업과 프랑스 기업이 계약하는 경우에, 일본 기업이 프랑스 기업에 대하여 중재를 신청하는 경우 중재지는 프랑스 파리가 되며, 역으로 프랑스 기업이 일본 기업에 대하여 중재를 신청하는 경우 중재지는 일본 도쿄가 되는 조항이다.

이와 같은 조항이 많이 사용되는 데는 역사적인 경위가 있다. 처음에는 일본 기업이 일본을 중재지로 하고 싶어도 일본을 중재지로 하는 것은 상당히 어려워서, '상대방이 신청하는 경우에는 일본에서, 일본 기업이 신청하는 경우에는 상대방 국가에서'와 같은 형식으로 규정한다면, 어찌되었든 보기에는 공평할 수 있다는 점에서, 일종의 타협의 산물로서 생긴 것이다.

게다가 이전에는 일본 기업이 중재의 피신청인이 되는 경우가 많았고, 일본 기업 측이 상대방의 국가로 가서 중재를 신청하는 경우가 적었기 때문에, 크로스식 조항을 사용하면 스스로가 중재의 피신청인이 될 가능성을 낮출 수 있다는 생각에서 사용되었다.

그런데 지금은 일본 기업이 신흥국에 계속 진출하고 있어 중재를 무기로 싸우는 시대이다. 신흥국의 기업과 계약을 하는 경우에 크로스식 조항을 체결하는 것은 현명하지 않다. 상대방이 일본을 중재지로 하는 것에 동의하지 않는다면, 스스로 적절한 중재지를 검토하고 제3국을 중재지로 하는 등의 대처가 필요하다.

이에 더하여 크로스식 조항의 경우 일본 기업이 파리로 가서 중재를 신청한 후, 프랑스 기업이 도쿄에 와서 중재를 신청하는 경우에, 프랑스 기업이 신청한 중재는 어떻게 되는가 하는 문제가 생긴다. 물론 중복이 되기 때문에 안 되는 것이지만, 우선은 2건의 중재가 병행하여 진행된다. 최종적으로 나중에 신청된 절차는 각하된다고 하여도 불필요한 비용이 들며 시간도 걸린다. 이러한 리스크가 있기 때문에 크로스식 조항을 사용하고자 하는 경우에는 재검토하는 것이 좋을 것이다.

중재조항과 준거법

▇ 준거법

중재조항과의 관계에서, 계약의 준거법에 관해서도 간단하게 설명한다. 우선, '계약의 준거법은 중재법과는 관계없다'는 것을 이해해 둘 필요가 있다. '그 계약을 어느 국가의 법률에 의해 해석하는가'라는 것이 준거법이다. 예컨대, 계약 중에 손해배상청구에 관한 조항이 있어, 손해배상을 청구할 때 일실이익은 어디까지 청구할 수 있는가 등에 대한 해석이 문제가 된 경우에는 그 계약의 준거법이 일본법이라면 일본법에 따라 그 손해의 범위가 정해진다. 뉴욕주법이 준거법이라면 뉴욕주법에 의해 해석된다. 해석의 기준이 되는 법률이 준거법이다. 이에 반해, 중재법은 어디까지나 중재가 시작된 경우, 중재의 절차를 규율하는 법률이다. 따라서 절차법과 실체법이라는 점에서 이들은 전적으로 다르다는 것을 이해하길 바란다.

▇ 준거법의 선택방법

준거법을 어떻게 선택해야 하는가, 이에 대한 명확한 답이 있는 것은 아니다. 준거법은 그 계약을 해석하는 기준이 되는 법률이기 때문에 중요한 문제이다.

우선 선택하는 법률에 어떠한 문제는 없는가라는 점을 고려해야 한다. 잘 알지 못하는 국가의 법률을 선택해버린다면, 계약이 어떻게 해석되는지 알 수 없다.

정권이 갑자기 바뀌어 법률도 차례로 바뀌거나 하는 국가의 법률을 사용하는 것은 논외이다.

다음으로, 그 법에 친숙한가 하는 점이다. 자신이 체결한 계약이 어떠한 형태로 해석될 것인지에 대해 어느 정도 친숙한 편이 좋은 것은 당연하다. 따라서 일본 기업이라면 일본법은 물론, 자주 접하는 뉴욕법이나 영국법으로 정하면 문제없을 것이다. 또는 자기 자신은 친숙하지 않더라도, 주요국 예컨대 독일이나 프랑스 등이라면, 국제적인 법률사무소에 가면 자격을 가진 변호사를 바로 찾을 수 있다. 이러한 의미에서 주요국의 법이라면 하나의 선택지로 볼 수 있을 것이다.

세 번째는 상당히 전문적인 이야기이지만, 계약상의 권리를 집행하기 위해서 특정한 법을 준거법으로 하여 선택할 필요가 있는가 하는 점이다. 예외적이지만, 어느 계약을 집행하기 위해서는 특정 국가의 법률을 준거법으로 해야만 하는 경우가 있다. 예컨대 인도의 경우, 계약의 당사자가 쌍방 모두 인도 기업(일본 기업의 인도 자회사도 포함한다)인 경우 준거법이 인도법이 아니면 인도의 법원이 집행하지 않을 리스크가 있다. 이 점에 대해서는 해석이 나뉘어져서 확실하지는 않지만, 리스크가 있다면, 당연히 인도법으로 하지 않을 수 없을 것이다. 이와 같은 점에서 준거법에 대해 선택의 여지가 없는 경우도 있다.

마지막으로 영미법적인 접근과 대륙법적인 접근 중 어느 쪽이 좋은가라는 점이 있다. 대략적으로 영미법적인 접근이라는 것은 상당히 엄격하게 계약의 문언을 해석하는 방법이다. 이에 반해 대륙법적인 접근이라는 것은 계약서 자체를 짧게 만들고, 당사자의 의사해석 등을 상당히 유연하게 해준다.

영미법적인 접근의 전형적인 예는 당연히 미국이다. 계약서가 매우 길다. 계약서에 쓰여 있는 것을 엄격하게 해석하고, 계약서에 쓰여 있지 않은 것은 해석 시에 고려해주지 않기 때문에 계약서가 매우 두꺼워지고 만다. 일본은 대륙법적인 접근을 하기 때문에 계약서는 단순하다. 그것은 계약서가 간단하더라도 당사자의 의사를 해석할 수 있다거나 해석해야 한다는 것이다. 따라서 일본인에게 친숙한 법률을 선택하고자 하는 경우라면, 예컨대 독일법이나 프랑스법을 선택하는 것도 한 가지 고려 방안이 된다.

국제중재 Q&A

Question 준거법과 중재인의 자격

일본법을 준거법으로 중재지를 싱가포르, 중재기관을 SIAC(싱가포르의 중재기관)로 한 경우, 일본어를 알지 못하는 중재인은 어떻게 판정하는 것인가?

Answer

국제중재라는 것은 가장 글로벌화가 진행되고 있는 분야라고 생각한다. 예컨대 계약의 준거법이 일본법이고, 중재지가 싱가포르이며 중재인은 이탈리아인, 대리인 중 일본인이 전혀 없는 사건은 드물지 않다. 준거법 국가의 사람이 관여하도록 되어 있지 않은 것이다.

다만 중재인이 3인인 경우에는 중재인을 선택할 때에 어느 정도 일본법을 알고 있는 사람을 선택하는 경우가 있을 수 있다. 다만 선택되지 않는 경우도 있다. 이러한 경우, 각 당사자의 대리인이 계약의 해석에 관해서 일본법에서는 이렇게 된다고 서면으로 주장할 뿐이다. 그 대리인은 반드시 일본의 변호사는 아니다. 일본의 법률사무소에 일본법의 해석에 관해서 조언을 받아 이를 토대로 대리인이 서면을 쓰고 변론한다. 이것이 국제중재인 것이다.

계약에 관한 분쟁은 사실에 관한 것이 많고 정밀한 법적논의가 이루어지는 경우는 그렇게 많지 않다. 따라서 법률의 해석이 큰 쟁점이 되지 않는다면, 각 대리인이 일본법 전문가의 조언을 받으면서 의견을 주고받고, 최종적으로 중재인이 그 중재에서 이루어진 논의를 토대로 판단한다. 분쟁의 주요한 포인트가 일본법의 해석이라면, 각 당사자가 일본의 민법학자 등의 의견서를 제출하고 그 전문가를 불러 신문 등을 하여 판단하게 된다. 따라서 중재에 관한 당사자가 준거법에 반드시 정통할 필요는 없다. 반대로 말하자면, 정통하고 있는 편이 드물다고 생각한다.

국제중재 Q&A

Question   중재와 소송의 선택적 사용

매매계약을 체결하는 경우 대금을 빨리 회수하기 위하여 법원을 이용할 수 있도록 하고, 기타 분쟁에 관해서는 (지역보호주의나 법관의 수준 등의 관계로) 중재를 선택하고자 하는 경우가 있다. 분쟁의 종류에 맞추어 재판과 중재 중에 선택할 수 있도록 하는 합의는 가능한 것인가.

Answer

중재조항으로 매매대금의 청구에 관해서는 재판을 이용하고 기타 분쟁에 관해서는 중재를 이용하도록 정하는 것은 가능하다. 다만, 이 경우 매수인이 대금 이외의 분쟁에 관해서도 중재의 대상에서 제외된다고 주장하고 재판절차를 개시할 리스크가 있다.

이와 같은 리스크에 대처하기 위해서는, 매도인만이 중재와 재판을 선택할 수 있도록 하는 방법이 고려될 수 있다. 이와 같은 조항을 'Sole-option 조항'이라고 부르며 금융기관의 대출계약 등에서 자주 사용된다. 다만, 프랑스나 러시아 등에서는 Sole-option 조항은 무효가 되며, 또한 기타 다수의 국가에서도 그 유효성에 대한 법원의 판단이 내려지지 않았다. 이 때문에 Sole-option 조항을 이용하려고 하는 경우에는 중재지나 중재판정을 집행할 국가의 법원이 Sole-option 조항을 유효로 하고 있음을 전제해야 한다.

대금을 신속하게 회수하기 위해서는 분쟁의 종류에 맞게 재판과 중재를 선택적으로 사용하는 것이 아니라, 간이절차(Expedited Procedure)를 정한 중재규칙(SIAC, HKIAC 등)을 선택하여, 소액의 분쟁에 관해서는 간이·신속한 중재절차로 해결하는 방법을 도모하는(그 이외는 일반 중재절차) 것도 고려해 볼 수 있다.

제 3 장

투자협정에 기초한 투자유치국과의 국제중재

투자협정에 의한 국제중재

투자협정이란?

　투자협정이란 제1장에서도 설명하였듯이, 국가 간에 체결되어 투자의 보호나 촉진을 목적으로 하는 조약이다. 전형적인 것이 양자간투자협정 또는 투자보호협정이라고 부르는 Bilateral Investment Treaty로, 줄여서 BIT라고 부른다.

　전형적으로 일본과 같은 선진국과 동남아시아 국가와 같은 신흥국 사이에 체결된다. 투자하는 측에서 본다면, 리스크가 있는 국가에 투자하고, 그곳에 플랜트를 만들었음에도 그 국가가 그 플랜트를 강제수용한다면 투자자가 막대한 손해를 입는다. 이와 같은 경우가 없도록 자국의 투자자를 보호하는 데에, 투자유치국과 BIT를 체결하는 의미가 있는 것이다. 한편 투자유치국 측으로서는 '이러한 투자협정이 있기 때문에 투자자를 부당하게 취급하지 않습니다. 계속 우리나라에 투자해주십시오'라고 외국의 자본을 적극적으로 끌어들이기 위한 것이 된다. 이를 위하여 체결되는 것이 투자협정이다.

　투자협정은 이렇듯 투자 분야에서의 협정이지만, 조금 더 넓은 것으로서 EPA(경제동반자협정)나 FTA(자유무역협정)라는 것이 있다. 이는 무역 전반에 걸친 협정으로, 예컨대 관세장벽의 철폐 등을 포함하는 협정이다. 이와 같은 포괄적인 협정 가운데에는, 투자에 관한 장이 포함된 것도 있다.

　투자에 관한 장에는 양자간투자협정에 있는 것과 같은 내용이 포함된 경우가 대부분이다(일본의 경우, FTA의 내용에 투자보호에 관한 규정이 포함된 경우 EPA라고 부른다). EPA나 FTA도 기본적으로는 양국간의 것이 대부분이지만, 근래에 화제가 되고 있는 TPP는 복수의 국가 간의 경제동반자협정이다. 다자간 투자협정으로서 가장 유명한 것이 에너지헌장조약(Energy Charter Treaty)이다. 이것은 에너지 분야의 조약이지만 투자의 보호를 규정하고 있는 장이 있어, 에너지에 관련한 투자에 대해 투자협정에 규정하는 것과 같은 내용이 규정되어 있다. 이와 같이 형태는 다르지만, 투자보호를 목적으로 한 국가 간의 협정이 다수 존재한다.

■ 투자협정에 의한 보상

이러한 투자협정은 외국정부(투자유치국)에 의한 부당한 조치로부터 투자자를 보호해왔다. 보호의 내용은 협정에 따라 다르지만 이하와 같은 5개의 조항이 들어가는 것이 보통이다.

자주 등장하는 조항 중 첫 번째는 '강제수용을 하지 않는다'는 조항이다. 구체적으로는 '강제수용을 하는 경우에는 신속하고 공정한 보상을 한다. 보상 없이 갑자기 투자한 것을 강제수용 또는 국유화하지 않는다'와 같은 내용이다.

강제수용은 영어로는 'Expropriation'이다. 예컨대 석유 플랜트를 만들기 위해 거액의 자본을 투하하여, 드디어 석유의 채굴을 시작하고, 이익을 올리게 된 때에 국가가 그것을 국유화해버리는 것과 같은 사례이다.

강제수용에는 간접적인 강제수용도 포함된다. 이것은 인허가를 박탈하는 것과 같은 경우이다.

예컨대 플랜트를 운영하기 위해서는 인허가가 필요하지만 그것을 마음대로 박탈해버리는 경우가 있다. 이른바 국유화와는 다르지만 인허가가 없으면 플랜트는 운영할 수 없게 된다. 그 효과는 강제수용과 거의 다르지 않다. 그와 같은 경우도 간접적인 강제수용으로서 투자협정위반이라고 주장할 수 있다.

■ 평등대우

투자협정에 의한 보호조항 중 두 번째로서 자국의 투자자 또는 다른 국가의 투자자와의 평등한 취급이라는 것이 있다. 이것은 내국민대우 또는 최혜국대

우라는 형태로 언급된다. 예컨대 투자유치국의 현지 기업이 외국의 투자자보다
도 유리하게 다루어진다면 외국의 투자자는 경쟁에서 불리하게 된다. 또한 타국
의 투자자가 유리하게 다루어진다면, 현지 기업이 동일하게 경쟁에서 불리해진
다. 그래서 투자국의 투자자를 자국의 투자자와 동일하게 다루거나 타국의 투자
자 중에 가장 좋은 대우를 협정가입국 투자자 모두에게 한다는 약속을 하는 것
이다. 투자협정에서는 이러한 조항도 흔히 볼 수 있다.

공정하고 공평한 대우

투자협정에는 '공정하고 공평한 대우를 받을 권리'라는 것이 들어 있는 경
우도 있다. 일본어로는 의미를 잘 알 수 없지만, 영어로 'Fair and Equitable
Treatment'라는 것이다. 요약하자면, 국제적인 투자에 있어 투자자가 정당하게
기대할 수 있는 것을 침해한 경우에는 'Fair and Equitable Treatment'에 위반
한다고 주장할 수 있는 것이다. 애매한 규정이지만 알기 쉬운 예는 재판을 받을
권리 등이다.

그 국가에서 재판을 제기한다면 합리적인 기간 내에 판결을 받을 것이라
기대하였지만, 그 국가의 법원이 전혀 기능을 하지 않고, 판결이 나오는데 20년
이 걸린다면 그것은 투자자의 정당하고 합리적인 기대에 반하는 것이다. 그렇다
면 그것은 'Fair and Equitable Treatment'를 받을 수 없는 경우이다. 그래서 투
자협정위반이라는 경우에 클레임을 제기할 수 있도록 하게 되는 것이다.

자금 · 자산 이동의 자유

네 번째는 자금이나 자산 이전의 자유이다. 예컨대, 플랜트를 건설할 때에
자재 등을 자유롭게 갖고 오고 싶고, 돈을 갖고 오고 싶은 경우도 있으며, 보다
중요한 것으로서 투자한 곳에서 이익이 발생한 경우, 그것을 자국으로 갖고 올
자유를 보장하는 것이 자금 · 자산의 이전의 자유이다.

▦ 엄브렐러 조항

마지막으로 투자유치국이 약속을 준수할 의무, 엄브렐러 조항이라고 불리는 것이 있다. 이것은 투자유치국이 어떠한 계약을 한 경우에는, 그 계약상의 의무를 준수한다는 것과 같은 일반적인 조항이다. 그러한 조항이 들어가 있는 투자협정도 있다.

이것이 어떻게 사용되는지 보면, 어떤 플랜트 건설에서 국가와 직접 계약한 경우, 그 계약상의 의무위반에 관해서는 당연히 국가에 대해 계약책임을 물을 수 있다. 그것과는 별개로, 국가가 그 계약을 위반한 경우에 국가는 이 투자협정에도 위반한 것으로, 협정위반의 청구도 가능하다는 것이다. 이 경우는 두 개의 절차, 두 개의 이유로 국가를 상대로 청구할 수 있게 된다.

▦ 자주 사용되는 조항

지금 설명한 투자협정의 조항 가운데에 가장 자주 사용되는 것이 첫 번째의 강제수용이다. 그 중 간접적인 강제수용 등은 꽤 자주 사용된다. 간접수용된다면 결국 이 프로젝트는 경제적으로 전혀 의미가 없고, 이 때문에 그것은 강제수용과 거의 다를 바 없어진다. 또한 세 번째인 Fair and Equitable Treatment도 매우 부당한 대우를 당하게 되면, 그것은 Fair and Equitable Treatment 위반이라는 형태로 원용되는 경우가 자주 있다.

▦ 투자협정과 국제중재

제1장에서도 간단하게 다루었지만, 국제중재의 이야기에서 투자협정이 나오는 이유는 투자유치국이 투자협정에 위반한 경우에는 투자자가 직접 그 투자유치국에 대하여 중재를 신청하는 것이 가능하기 때문이다. 본서의 앞부분에서도 설명한 대로, 중재라는 것은 어디까지나 사적분쟁해결제도이기 때문에 당사자 간의 합의가 없다면 시작할 수 없다. 투자유치국은 투자협정을 체결하는 것으로 사전에 포괄적으로 중재에 동의한 것이 된다.

위와 같은 예에서 플랜트를 건설 내지 운영하기 위한 인허가가 박탈되어버린 경우를 생각해보도록 하자. 투자자와 국가 간에 직접 계약은 없다. 그러나 국가가 주권을 행사하여 인허가를 박달한 경우에 투자협정이 없다면, 투자자로서는 그 국가를 상대로 행정소송과 같은 것을 제기할 수밖에 없다. 일본에서도 국가를 상대로 한 소송에서는 거의 이길 수 없기 때문에, 신흥국 중 많은 독재적인 국가의 경우에는 법원에서 이길 가능성은 전혀 없다. 그러나 투자협정이 있다면, 그 국가의 법원이 아니라, 국제중재로 가지고 갈 수 있다. 그렇다면 제1장에서 설명하였듯이, 중립성과 같은 것은 확보할 수 있다는 의미에서 특히 유력한 무기가 되는 것이다.

투자협정중재의 실례

실제로 이루어진 투자협정중재의 구체적인 예를 몇 개 소개한다. 우선 베네수엘라의 강제수용이다. 이것은 차베스 전 대통령이 여러 가지 법률을 만들어, 어떠한 보상도 없이 석유 플랜트 등을 국유화해버린 사건이었다. 군대가 동원되어 점거한 것과 같은 난폭한 처사였다. 이에 대하여 엑손모빌, 코노코필립스 등 석유회사가 베네수엘라를 상대로 투자협정중재를 제기하였다.

또한 아르헨티나도 국채가 디폴트된 때에 여러 가지 규제를 시행하였기 때문에, 많은 투자자로부터 투자협정에 기초한 중재를 신청받았다. CMS라는 가스회사는 아르헨티나에 대해 최초로 투자협정에 기초하여 중재를 신청하였다. 이 사건에서는 아르헨티나가 계약에 사용된 통화를 페소로 바꾼 후 페소의 환율을 변경한 것이 문제가 되었다. 그 결과 계약에서 얻은 이익이 대폭 적어지게 되었기 때문이다.

세 번째는 제1장에서도 설명한 체코의 금융기관으로부터의 불공평한 지원이다. 이것은 공표된 중재사건들 가운데 일본의 기업이 제기한 유일한 투자협정중재이다. 노무라증권이 네덜란드의 자회사를 통하여 체코에 있는 금융기관을 보유하고 있었다. 체코의 금융위기 때에 체코의 금융기관은 불량채권을 많이 떠안아버렸기 때문에 체코정부가 자국의 금융기관에 대해서만 자본주입의 형태로 지원을 하여, 노무라증권이 보유하고 있는 금융기관을 지원하지 않은 것이다.

이것이 불공평하다고 하며 UNCITRAL 중재규칙에 기초한 중재를 신청한 사건이다. 앞서 설명한 Fair and Equitable Treatment를 받지 않은 것 등을 이

 오스트레일리아의 담배 포장

유로 중재를 신청하여, 최종적으로 다액의 금전보상을 받아 화해로 해결되었다.

또한 보충설명으로, 국제중재의 경우에 배상은 기본적으로는 금전으로 요구하게 된다. 강제수용의 경우라면, 강제수용된 것에 의해 얻지 못한 장래의 이익이나, 투입한 자본 등을 청구하게 된다. 석유플랜트를 석유회사에게 반환시키는 등의 청구는 하지 않는다고 이해하기를 바란다.

마지막은 조금 다르다. 오스트레일리아 정부가 시행한 담배의 포장에 관한 규제이다. 오스트레일리아에서는, 담배의 포장에 <사진 3-1>과 같은 '담배를 피우면 이렇게 된다'라는 경고를 부착시키는 것이 의무화되어 있다. 말보로나 메비우스나 모두 이와 같은 사진을 사용한 포장이다. 포장의 아래에 말보로라는 브랜드 명을 표시하였지만, 자신이 디자인한 포장은 사용하지 못하였다. 이것에 대하여 필립모리스[1]는 우선 오스트레일리아의 법원에 소송을 제기하였지만, 대법원까지 가서 패소하였다.

그래서 홍콩과 오스트레일리아와의 투자협정에 기초하여, 오스트레일리아에 대하여 국제중재를 신청하였다. 필립모리스의 주장은 우선 이 규제는 '강제수용(Expropriation)'에 해당한다는 것이다. 포장에 자신의 상표를 표시할 수 없는 것은 '지적재산권의 강제수용이다'라는 것이다.

다른 한 가지는 앞서 설명한 Fair and Equitable Treatment이다. 자신의 브

---

1) 역자 주: 담배 제조회사

랜드를 포장에 표시할 수 있어야 할 것 같은데도 할 수 없는 것은, Fair and Equitable Treatment 위반이라는 이유를 제시하였다. 아직 결과는 나오지 않았지만 대단히 흥미 있는 사안이다.[2]

투자협정중재의 역사

활용한다면 매우 편리한 투자협정이지만, 투자협정 자체는 새로운 이야기이다. 1959년에는 양자간투자협정이 1개 밖에 없었다. 그런데 90년대부터 급증하여 지금은 양자간투자협정의 수가 전 세계에 3,000개를 넘는다. 그 외에도 본 장의 서두에서 설명한 것과 같이 에너지헌장조약과 같은 다자간 투자협정도 있다.

이와 같이 투자협정의 수는 많기 때문에, 투자의 구조적(Structuring) 방식에 따라서는 1개의 프로젝트가 복수의 협정의 보호를 받게 될 가능성이 있다. 예컨대, 일본에서 체코에 투자할 때에도, 네덜란드의 자회사를 경유해 투자하고, 이에 더하여 그 위에도 별개의 자회사를 두면, 그 국가의 투자협정도 사용할 수 있는 경우를 상정할 수 있는 것이다.

---

2) 역자 주: 우리나라에 대해서는 2012년 12월 론스타(Lone Star) 사건이 ICSID에 제기되어 현재 진행 중에 있다.

제 2 절

투자협정의 보호대상

무엇이 보호되는가

무엇이 투자협정에 의해 보호되는 것인가. 투자협정이기 때문에 당연하지만, 기본적으로는 투자가 보호된다. '투자'에는 다음과 같은 것들이 포함된다. 우선 동산이나 부동산 등의 재산이다. 투자유치국에 공장을 소유하고 있는 경우, 이러한 재산을 보호해준다. 여기서 중요한 것이 자회사이다. 요컨대, 출자한 경우에는 그 자회사에 대한 출자가 투자로서 보호된다. 더 일반적으로 금전채권이나 계약상의 권리 등도 투자에 포함된다. 앞에서 담배회사의 예와 같이 지적재산권 등도 포함된다. Concession(예컨대 석유 플랜트 등의 사업을 운영할 권리) 등도 보호의 대상이 된다.

누가 보호되는가

다음으로 누가 보호되는가이다. 당연히 '투자협정체결국의 국민과 기업'이 보호된다. 투자협정에서 보호되는 '기업'은 각 협정에서 정의되지만, 체약국의 기업이라고 할 수 있는지는 일반적으로, 설립지가 기준이 된다. 예컨대 일본과의 투자협정에서라면, 일본에서 설립된 회사가 된다. '외국인에게 지배(control)되고 있지 않다'라는 조건을 붙인 투자협정도 있다.

예컨대, 터키 기업이 터키와 네덜란드 간의 투자협정을 이용하기 위하여 네덜란드에 SPC를 만들어, 그것이 터키에 자회사를 만들어 투자하고 터키에 대하여 중재를 신청하여도 '실질적으로는 터키인과 터키와의 분쟁이다'라고 하여 보호되지 않는 경우가 있다는 의미이다.

　기업에 관해서는 설립지를 기준으로 하는 것이 일반적이지만, 주의할 필요가 있는 것은 '실질적인 사업활동을 할 것'을 요구하는 투자협정이 있다는 것이다. 프랑스나 스위스 등이 체결한 투자협정 중에는 이러한 것이 많다. 사업활동의 실체가 없는 SPC를 사용한 구조(Structuring)를 검토할 때에는, 사용하려는 투자협정이 SPC에도 사용될 수 있는가를 확인해 두는 것이 매우 중요하게 된다.

제 **3** 절

어떤 투자협정을 사용하는가

▦ 거래구조의 검토

거래구조를 검토한다는 것은, 어떤 투자협정을 사용하여 어느 국가에서 투자할 것인가의 문제와 같다. 우선 이 구조를 생각할 때에는 3단계로 분석해 볼 필요가 있다. 우선 첫 번째로, 처음 투자하기 전에 어떠한 투자협정이 있는지를 확인한다. 투자협정은 조약이기 때문에, 국회의 승인 등을 거쳐 발효해야만 한다. 우선 그것을 확인한다. 이용가능한 투자협정을 특정한 후, 2단계로 이용가능한 투자협정 중에 투자보호의 내용을 비교하여, 어느 협정이 보호의 범위가 넓은지 등을 검토한다.

그리고 3단계로 분쟁해결의 시스템이 어떻게 되어 있는가를 비교한다. 또한 투자협정 중에는 어떤 조항에 관해서는 투자보호의 대상에서 제외하는 규정도 있기 때문에, 문제가 될 것 같은 규정이 없는지 여부도 확인할 필요가 있다.

<표 3-1>은 일본이 현재 체결하고 있는 투자협정이다. 이것은 양자간투자협정과 EPA 등으로, 투자보호, 투자의 장을 마련하고 있는 것이다. 모두 31개이다. 이미 발효한 것이 이 중 25개이다. 이 지도에서 알 수 있듯이, 투자하려는 국가가 투자협정을 일본과 맺지 않은 경우도 많다는 것을 알 수 있다. 그렇기 때문에 제3국을 통해 투자협정을 사용하여 투자하는 것을 검토해야 하는 경우도 많다.

표 3-1	일본이 체결한 BIT와 EPA(투자보호를 포함하는 것) 2013년 12월 현재		
상대국	체결연도	발효연도
멕시코	2004	2005
콜롬비아	2011	
페루	2008	2009
칠레	2007	2007
스위스	2009	2009
터키	1992	1993
이집트	1977	1978
사우디아라비아	2013	
쿠웨이트	2012	
이라크	2012	
스리랑카	1982	1982
모잠비크	2013	
우즈베키스탄	2008	2009
파키스탄	1998	2002
인도	2011	2011
방글라데시	1998	1999
미얀마	2013	
태국	2007	2007
러시아	1988	2000
중국	1988	1989
라오스	2008	2008
필리핀	2006	2008
인도네시아	2007	2008
싱가포르	2002	2002
말레이시아	2005	2006
몽골	2001	2002
한국	2002	2003
홍콩	1997	1997
베트남	2003	2004
캄보디아	2007	2008
브루나이	2007	2008
파푸아뉴기니	2011	

투자협정의 비교방법

양자간투자협정의 내용은 서서히 표준화되어가고 있다고 말할 수 있다. 다만 그렇다고 하여도, 투자협정은 1959년부터 서서히 확대되어, 1990년대에 증가한 역사도 있기 때문에, 오래된 협정도 있고 새로운 협정도 있어 내용에는 상당한 차이가 있다. 최근 체결된 협정에도 중요한 차이가 있다. 기본적으로는 보호의 대상이 가장 넓은 투자협정을 선택한다. 즉 투자자나 투자의 정의와 보호의 범위가 가능한 한 넓은 것을 선택한다. 보호의 내용이 가장 유리한 것을 선택한다. 그리고 상대방 국가에 대하여 중재를 신청할 수 있는 것이 중요하다. 어떤 투자분쟁에 관해서도 중재로 해결할 수 있도록 하는 투자협정이 좋은 것이다.

또한 최혜국대우조항이 있으면, 다른 국가의 투자자와 같은 대우를 요구할 수 있다. 예컨대, A국과의 투자협정과 B국과의 투자협정이 있고, A국과의 투자협정에서 투자의 정의가 B국과의 협정보다 좁은 경우, A국과의 투자협정에 최혜국대우조항이 있다면, A국의 투자자도 B국의 투자자와 같은 보호를 받을 수 있다고 주장할 수 있게 된다. 따라서 최혜국대우조항이 있는 경우는 어느 쪽의 협정이 유리한지의 판단이 복잡해진다. 게다가 실제 투자협정중재의 경우에 이와 같은 최혜국대우의 주장이 인정되는지는 상당히 어려운 문제이며 실제는 인정되지 않는 경우도 있다. 이러한 점에 관해서는 실제로 투자할 때에 전문가의 조언을 구할 필요가 있다.

또한 다음 단계로서는 투자협정에 정해진 분쟁해결의 구조를 비교하는 것이 중요하다. 많은 경우 분쟁을 중재로 해결할 수 있게 되어 있다. 중재절차로서는 ICSID 중재, UNCITRAL 중재규칙에 의한 *ad hoc* 중재(임의중재)가 비교적 많이 이용된다. 앞장에서 설명한 대로 *ad hoc* 중재는 중재기관의 관여가 없는 중재이다. ICSID 중재는 ICSID라는 중재기관이 시행하는 중재절차이다. 투자협정의 규정에서 ICSID만을 유일한 중재절차로 정해두는 경우는 별로 많지 않다. 자주 있는 것은 UNCITRAL 중재만 이용할 수 있거나 ICSID 중재와 UNCITRAL 중재를 규정하여, 투자자가 선택할 수 있도록 하는 투자협정이다. 제2장에서 서술한 대로, 중재절차를 관리해 줄 수 있는 기관이 있는 것이 좋기 때문에, 기본적으로는 ICSID 중재를 이용하도록 정해놓는 편이 좋을 것이다.

ICSID 중재란

ICSID는 '국제투자분쟁해결센터'라는 중재기관으로, 세계은행의 산하기관 중 하나이다. ICSID는 외국투자자와 국가 사이의 투자분쟁만을 다루고 기업 간의 중재는 다루지 않는다. ICSID 중재를 이용하는 조건은 투자자의 모국과 투자 유치국 양쪽 모두 ICSID 조약의 가입국이어야 한다는 것이다. 현재 150개에 가까운 국가가 ICSID에 가입되어 있다. ICSID는 세계은행의 기관 중 하나이기 때문에, 세계은행이 융자를 한 국가 등은 ICSID의 중재판정에 따르지 않으면 새로운 대부(貸付) 등이 정지될 가능성이 있기 때문에 대부분의 국가가 ICSID의 중재판정을 따르고 있다. 또한 이행하지 않는 경우에는 ICSID 조약에 기초하여 집행하는 것도 가능하다.

중재의 절차 등에 관해서는 대체로 보통의 중재와 동일하지만, 몇몇 특징이 있다. 우선 기본적으로는 중재판정이 내려진 상대방 국가가 중재판정에 임의로 따를 것을 기대할 수 있다. 따라서 ICSID 이외의 중재라면, 중재판정에 이의가 있는 당사자가 중재지의 법원에 취소를 신청할 수 있는 경우가 있다. 그러나 ICSID의 경우 '중재지'가 정해지지 않았기 때문에 법원이 아닌 ICSID의 특별한 위원회에 대하여 중재판정의 최소를 구하게 된다. 국가의 법원이 관여하지 않기 때문에 이 점은 ICSID의 뛰어난 점이라고 할 수 있다.

또 한 가지는 ICSID 중재에서는 대부분의 중재판정이 공표된다. ICSID의 홈페이지를 보면, 지금까지 ICSID에서 내려진 중재판정을 간단하게 찾을 수 있다. 이것은 다른 중재와 구별되는 특색이다.

분쟁해결 매커니즘의 비교

분쟁해결 매커니즘의 비교로 돌아가보자. 우선 투자협정에 의해서는 중재의 범위 등에 관해서 달리 정하는 경우가 있다. 예컨대 중국의 양자간투자협정 등 많은 예에서 볼 수 있듯이, 투자협정중재의 대상을 '수용에 대한 보상의 금액'에 한정하는 협정이 있다. 이 경우, '강제수용에 대한 보상이 합리적인가' 하는 점에 한하여 중재가 가능하게 된다. 예컨대 앞의 노무라증권과 체코의 사례에서 노무라증권의 청구는 외국자본의 금융기관에만 재정지원하지 않았다는 것이 '차별적인 취급'에 해당한다고 하는 것이기 때문에 이와 같은 경우는 보호의 대상이 아니게 된다는 것이다. 따라서 이와 같은 제한이 없는 투자협정을 찾아야 하는 것이다.

다음으로는 투자협정에 의해서 중재를 개시할 때에는 3개월 간 교섭해야 한다거나, 국내 소송절차를 거친 후 그것으로도 분쟁이 해결되지 않는 경우만 중재를 개시할 수 있다는 규정이 있는 경우도 있다. 이와 같은 경우는 중재를 신청할 때까지 시간이 걸리고 해결까지 시간과 비용이 불필요하게 들게 된다. 가능한 한 이와 같은 투자협정은 피하는 쪽이 좋다고 할 수 있다.

이에 더하여 투자협정 중에는 'Fork-in-the-road 조항'이 들어있는 것도 있다. 이것은 분쟁이 생긴 경우, 중재절차와 국내 재판절차 가운데 한 가지를 선택한 경우에는 그 후에 다른 쪽을 이용할 수 없고 즉, 중재를 선택한다면, 더 이상 국내 소송절차는 할 수 없고, 반대로 국내 소송절차를 선택한다면 중재절차는 할 수 없다는 조항이다. 포크 끝부분의 하나를 선택한다면 더 이상 다른 쪽으로는 갈 수 없다는 의미이다. 이와 같은 것이 있다면 결국 투자자로서의 선택지가 좁아지고 말기 때문에 이와 같은 조항이 없는 것을 선택하는 편이 좋다.

▬ 주의해야 하는 적용제외 규정

또한 투자협정 중의 '적용제외'에도 주의해야 한다. 예컨대 프랑스의 양자간 투자협정 등에는 투자유치국의 문화, 언어를 보호하기 위한 조치에 관해서는 보호의 대상으로부터 제외하는 규정이 있다. 예컨대 프랑스 정부가 프랑스어 책을 주로 출판하는 출판사에 한정하여 보조금을 지급했다고 하자. 그렇다면, 프랑스에서 영어 책을 주로 출판하는 외자계의 출판사에게는 보조금이 나오지 않게 된다. 그래서 이것은 외국자본 기업에 대한 부당한 차별이라고 하여, 투자협정위반으로 프랑스에 클레임을 하는 경우를 생각해볼 수 있다. 그러나 프랑스가 이러한 제도는 프랑스의 문화, 언어를 보호하기 위한 조치이기 때문에, 투자협정의 보호에 포함되지 않는다는 주장을 할 가능성이 있다. 그렇다면 결국 투자협정에 의한 보호를 받을 수 없을지도 모른다. '문화, 언어를 보호하기 위한 조치'란 무엇인가가 반드시 명확한 것은 아니며, 꽤 넓게 해석되는 경향이 있다. 따라서 이러한 투자협정은 가능한 한 피하는 것이 좋다.

주의해야 하는 두 번째는 'Non-Precluded Measures'이다. 이것은 예컨대 '안전보장상 불가결한 이익을 보호하기 위하여' 또는 '국민의 생명이나 건강을 지키기 위하여 필요'하다는 등의 조치에 관해서는 투자보호의 대상으로부터 제외하는 것이다. 이러한 조항이 있으면 석유 플랜트의 강제수용은 국가의 안전보장상 불가결하다든지 국민의 생명이나 건강을 보호하기 위하여 필요하다든지 구실을 부여하기 마련이다. 가능한 한 이러한 것이 없는 투자협정을 선택해야 한다.

과세조치

투자협정에서 과세조치는 보호의 대상에서 제외되는 것이 대부분이다. 따라서 과세조치가 제외되지 않는 것을 선택하는 것은 불가능하지만, 적용제외에 관해서 중요한 포인트이기 때문에 설명한다.

보통의 투자협정에서 과세조치는 보호의 대상으로부터 제외된다. 그러나 예컨대 상당히 부당하게 고액의 과세를 받게 되거나 또는 고액의 과세를 외국기업만 차별적으로 받게 되는 경우에는 '애초부터 그것은 과세조치가 아니다. 실질적으로는 외국투자자의 재산수용에 해당한다'라고 하여 투자협정에 기초한 중재를 제기하는 것도 가능하다.

이 점에 관해서 최근 보다폰과 인도의 사례가 화제가 되었다. 보다폰이 인도의 휴대전화 회사를 국외의 회사를 통하여 매수하였다. 인도 국내에서는 거래가 온전히 이루어지지 않았더라도 인도가 이 거래에 과세하려는 목적으로 법률을 개정하여 과거로 소급적용하여 20억 달러를 과세하였다. 보다폰이 중재를 신청했는지는 불명확하지만, 투자협정에 기초하여 중재를 제기하려는 움직임도 보인다. 중재가 되는 경우에 상당히 부당한 고액의 과세로 실질적으로 보다폰의 재산이 수용된 것 또는 과세를 소급적으로 적용한 것은 불공평하며 불공정한 취급이라는 주장도 생각해 볼 수 있다.

혜택의 부인 조항

그리고 주의해야 하는 마지막 규정으로는 'Denial of Benefits 조항'이 있다. '혜택의 부인 조항' 등으로 불린다. 이것은 실체가 없는 자회사(SPC)를 만들어 투자한 경우에 투자유치국이 SPC 등에는 투자협정에 의한 보호조치를 가하지 않는 것이 가능하다는 조항이다. 이와 같은 조항이 들어가 있으면, 제3국에 SPC를 설립하여 투자하려고 하여도 향후에 투자보호의 이익을 받을 수 없게 될 수도 있기 때문에, 이와 같은 조항이 없는 것을 선택할 필요가 있다.

■ 지금부터라도 시간이 충분한 구조변경(Restructuring)

투자협정에 의한 보호를 받기 위한 구조검토는 투자하기 전에 하는 편이 당연히 좋다. 그러나 이미 시행한 투자에 관해서는 손을 댈 수 없는가라고 묻는다면, 그렇지 않다고 할 수 있다.

예컨대 엑손모빌은 베네수엘라에 의한 강제수용, 국유화와 관련하여 국제중재를 제기하였다. 그러나 실제로 엑손모빌은 투자 후에 투자협정에 의한 보호를 받을 수 있게 투자구조를 변경하였다. 베네수엘라는 이에 대하여 '투자한 후에 투자협정의 보호를 받기 위하여 구조변경하는 것은 부당하다'고 주장하였다. 이에 대한 중재판정부의 판정은 '장래, 국가에 의한 부당한 조치가 있는 경우에 대처할 목적으로 구조변경하는 것 자체는 완전하게 적법하다. 다만 이미 분쟁이 생긴 경우에 구조변경하는 것은 인정되지 않는다'라는 것이었다. 이미 강제수용되었다거나 또는 강제수용의 법안을 통하여, 지금에라도 강제수용될 것 같은 단계에서 구조를 변경하여 투자협정을 사용하려는 것은 안 된다고 하여도, 과거의 투자에 관해서 장래의 분쟁에 대비하여 구조변경하는 것은 전혀 문제되지 않는다는 판정이다.

'분쟁의 발생 후는 불가'라는 점과 관련하여, 분쟁이 언제 발생한 것인가가 쟁점이 될 수 있다. 어떤 산업이 국유화되어 분쟁이 생긴 후에, 다른 산업에 관해서 구조변경이 이루어진 것과 같은 경우, 그것이 분쟁발생 후인지 전인지 문제가 된다. 그러나 가장 중요한 포인트는 '지금부터라도 늦지 않았다'라는 것이다. 따라서 '베네수엘라에 투자하고 있지만, 사용할 수 있는 투자협정이 전혀 없다'면, 지금부터 구조변경을 고려하여도 전혀 문제없다. 다른 국가에 관해서도 투자할 당시에는 투자협정에 관해서 고려하지 않았더라도, 지금부터 재검토하여 적절한 조치를 취하는 것은 가능하다.

코노코필립스의 경우도 베네수엘라를 상대로 투자협정에 기초한 중재를 신청하였지만, 원래 미국과 베네수엘라 사이에는 투자협정이 없다. 그래서 코노코필립스는 네덜란드를 경유한 구조로 변경하였다. 그 결과 베네수엘라에 대하여 중재의 신청이 가능해졌다. 이러한 예도 있기 때문에 리스크가 있는 나라에 투자를 하고 있는 기업은 한 번 검토해 볼 가치가 있다.

▒ 세무와 투자협정

여기서 투자협정과 세무와의 관계에 관해서 간단하게 설명한다. <표 3-2>는 세무상 문제에 관한 리스트이다. 이러한 문제는 해외에서의 투자조건을 다룰 때 항상 검토해야 한다.

이것들은 모두 세무상의 문제로 투자협정의 문제는 아니지만, 세무와 투자협정의 문제에는 공통되는 중요한 포인트가 있다.

기업이 해외투자를 할 때는 이중과세방지조약 등 세무상의 구조에 관해서 세무전문가로부터 조언을 받는 것이 보통이다. 이러한 조언은 투자협정에 관한 조언과 구조와 함께 이루어져야 한다. 그리고 적절한 구조를 토대로 투자자가 투자협정과 과세조약 쌍방에 의한 보호를 받을 수 있도록 하는 것이 이상적이다. 다만 과세조약에 의한 보호와 투자협정에 의한 보호의 균형을 고려하여 어느 쪽이 보다 중요한지를 판단할 필요가 있는 경우도 있다. 예컨대 정치 리스크가 높은 국가, 베네수엘라 등이 좋은 예이지만, 이러한 국가에서는 단기적인 비용절감을 가능하게 하는 세무상의 우대보다도 장기적으로 보면 투자보호를 받는 쪽이 유익한 경우도 있으므로 사례별 분석이 필요하다.

표 3-2 세무상의 중요한 문제

· 원천징수세
· 출구단계에서의 과세
· 실무, 문화에 관한 현지의 어드바이스
· 세무상의 문제와 구조에 대한 스탭의 인식
· 현지의 공동출자자
· 특별한 체제
· 세무당국의 대응

Column '조약쇼핑'? - SPC를 이용한 거래 구조에 대한 비판

본문에서 소개한 것과 같은 투자협정을 이용하기 위하여 실체가 없는 자회사(SPC)를 설립하여 투자하는 방법에 대하여 '조약쇼핑'라는 비판도 있다. 실제, 투자협정 중재에 있어서 중재판정부가 조약쇼핑에 대한 우려를 표명하고 투자자로서 보호받기 위한 요건으로 '그 국가에서의 설립' 이상의 요건을 부과한 중재판정도 있다. 이러한 중재판정은 개별 사안에 관한 판단이지만 실제로 투자의 구조를 검토할 때는 조약쇼핑에 대한 비판도 있다는 것을 고려해 둘 필요가 있다.

따라서 실제적인 경제활동을 하는 법인을 통하여 투자하는 것이 가능하다면(세무상 문제가 없는 등), 그 국가의 투자협정을 이용하는 편이 SPC를 설립하여 투자하는 것보다는 안전하다고 할 수 있다. 투자구조를 검토할 때에는 이러한 사정도 구체적으로 검토할 필요가 있기 때문에 전문가의 조언을 받는 것이 필수적이다.

사례를 통한 구조설계(Structuring)의 검토

▨ 오만에 대한 투자를 어떻게 구조설계하는가

사례연구로서 일본에서 오만으로 투자하는 경우에 어떻게 구조설계하는지를 검토한다. 오만의 경우 세계 약 30개 국가와 투자협정을 맺고 있다. 그 중 어떤 투자협정을 사용하여 어디에 투자를 하면 좋을지를 검토한다.

여기에서는 가공의 사례를 토대로 투자구조설계의 사례연구를 해본다. 우선 일본의 회사가 오만의 공항건설 프로젝트에 투자를 계획하고 있다고 하자. 일본과 오만 사이에는 양자간투자협정이나 기타 EPA 등이 없다. 일본에서 바로 투자한다면 투자협정 등의 보호를 받지 못하게 된다. 오만은 32개국과 투자협정을 체결하였다. 그 중 발효된 것이 23개이다. 23개 전부를 여기에서 비교하기는 어렵기 때문에 그 중 독일. 네덜란드, 영국, 이렇게 3개국을 샘플로 들어 비교해 본다(표 3-3).

왼쪽으로부터 오만과 네덜란드의 양자간투자협정, 그 다음이 오만과 영국, 그리고 가장 우측은 오만과 독일의 투자협정이다.

표 3-3 사례연구

	오만-네덜란드 BIT 1987년 9월 19일 체결 1989년 2월 1일 효력 발생	오만-영국 BIT 1995년 11월 25일 체결 1996년 5월 21일 효력 발생	오만-독일 BIT 2007년 5월 30일 체결 2010년 4월 4일 효력 발생
① 정의와 보호의 내용 비교			
투자	광범위 + 주식을 포함	광범위 + 주식을 포함	광범위 + 주식을 포함
투자자	국민 및 '체약국의 국민에 의해 직접적 또는 간접적으로 지배되고, 그리고 체약국의 국가 법령에 따라 설립된 법인'	국민 및 법인 영국의 회사는 영국에서 효력이 있는 법령에 기초하여 설립되면 족하다.	국민 및 법인 독일의 회사는 독일에서 '시트'를 갖고 있어야 한다. 독일법 '시트'를 가지고 있다고 말할 수 있기 위해서는 독일에서 주된 비즈니스를 하고 있을 것이 요구될 가능성이 있다.
실체적 보호	스탠다드 (공정·공평한 대우, 내국민대우, 최혜국대우, 강제 수용에 대한 보상을 포함한다)	스탠다드 (공정·공평한 대우, 내국민대우, 최혜국대우, 강제 수용에 대한 보상을 포함한다)	스탠다드 (공정·공평한 대우, 내국민대우, 최혜국대우, 강제 수용에 대한 보상을 포함한다)
② 중재에 대한 권리의 비교			
대상이 되는 분쟁의 범위	'체약국(오만 또는 네덜란드)과 상대 체약국의 국민 또는 개인 사이의, 전자의 체약국에 있어 후자의 투자에 관한 모든 분쟁'	'체약국(오만 또는 영국)과 국민 또는 회사와 상대 체약국 사이의, 전자의 투자에 관한 후자의 협정상의 의무에 관한 분쟁'	'체약국(오만 또는 독일)과 상대 체약국의 투자자 사이의 투자에 관한 분쟁※'
시기	정함 없음	3개월의 대기 기간	3개월의 대기 기간
분쟁해결방법	ad hoc 중재 중재판정부가 절차를 결정한다.	UNCITRAL 중재규칙에 기초한 ad hoc 중재	ICSID, ICC 또는 UNCITRAL 중재규칙 혹은 기타 중재 규칙에 의한 ad hoc 중재

※ 오만·독일 간의 구BIT(1979년 체결, 1986년 효력 발생)는 체약국끼리의 중재밖에 인정하지 않았고, 현재의 BIT가 되고 나서 투자자·국가 간의 중재가 이용가능하게 되었다.

▨ 보호의 대상

우선 투자보호의 대상은 어떠한 것인가에 관한 것으로, 투자의 정의 자체는 모든 투자협정에서 넓게 이루어지고 있다. 현지법인에 대한 출자, 결국 주식도 포함하며, 어느 투자협정이라도 범위가 넓기 때문에 문제는 없다.

그 다음으로 투자자의 정의이다. 오만과 네덜란드의 양자간투자협정에는 "국민 및 '체약국의 국민에 의해 직접적 또는 간접적으로 지배될 것'"이라는 문언이 들어가 있다. 따라서 오만과 네덜란드의 투자협정을 사용하는 경우에는 네덜란드의 국민이 지배해야만 한다. 일본의 기업이 오만으로 투자할 때에 네덜

표 3-4 일본이 체결한 BIT와 EPA (투자보호를 정한 것)

상대국	체결연도	발효연도
멕시코	2004	2005
콜롬비아	2011	
페루	2008	2009
칠레	2007	2007
스위스	2009	2009
터키	1992	1993
이집트	1977	1978
사우디아라비아	2013	
쿠웨이트	2012	
이라크	2012	
스리랑카	1982	1982
모잠비크	2013	
우즈베키스탄	2008	2009
파키스탄	1998	2002
인도	2011	2011
방글라데시	1998	1999
미얀마	2013	
태국	2007	2007
러시아	1988	2000
중국	1988	1989
라오스	2008	2008
필리핀	2006	2008
인도네시아	2007	2008
싱가포르	2002	2002
말레이시아	2005	2006
몽골	2001	2002
한국	2002	2003
홍콩	1997	1997
베트남	2003	2004
캄보디아	2007	2008
브루나이	2007	2008
파푸아뉴기니	2011	

란드 국민이 지배하고 있는 회사를 사용할 수는 없다. SPC도 사용할 수 없기 때문에, 오만과 네덜란드의 투자협정은 사용할 수 없게 된다. 오만과 영국의 투자협정의 경우는 이러한 제한이 없기 때문에 투자협정을 사용할 수 있을지도 모른다. 오만과 독일의 투자협정에 의하면, 독일법상 독일에서 비즈니스를 하고 있는 법인이 아니면 이 투자협정의 보호를 받지 못할 가능성이 있다. 그렇다면 독일에서 사업활동을 하고 있는 자회사가 있고, 그 자회사를 통하여 오만에 투자할 수 있는 경우, 오만과 독일의 투자협정을 사용하는 것도 가능하지만, 세무상 이러한 투자가 문제없는지 검토해야만 한다. 단순하게 SPC를 설립하여 투자하는 것이라면 오만과 영국의 투자협정이 좋다고 할 수 있다.

그리고 아래의 실체적 보호, 투자보호의 범위는 모두 스탠다드한 내용이며, 기본적인 보호내용은 포함하지 않기 때문에 세 가지 중에서 특히 어떠한 것이 좋다고 할 수 있는 것은 없다.

▥ 분쟁해결의 구조

다음으로 분쟁해결의 구조이다. 우선 대상이 되는 분쟁의 범위는 어떤 투자협정이든 넓게 되어 있고, 투자에 관한 분쟁이라면 대체로 포함되어 있다. 또한 과거의 오만과 독일의 투자협정에는 투자자와 국가 간의 중재에 관해서 규정이 없었지만, 지금은 투자자와 국가 간의 분쟁도 중재의 대상이 되기 때문에 어떤 것이라도 크게 상관이 없다.

시기는 중재를 개시하기 전의 요건으로, 영국의 투자협정과 독일의 투자협정에는 분쟁이 발생한 후 중재를 개시하기까지 3개월 간 기다리도록 되어 있다. 다만 3개월만 기다리면 되기 때문에 이를 다른 것과의 관계에서 어떻게 고려할 것인지가 문제된다.

그리고 조금 큰 포인트로 어떤 절차로 중재절차를 진행하는지에 관한 것이 있다. 네덜란드와의 투자협정의 경우는 *ad hoc* 중재로, 중재판정부가 절차를 결정하기 때문에 절차가 구체적으로 어떻게 될지 쉽게 알 수 없다. 영국과의 투자협정에서는 UNCITRAL 중재규칙에 기초하여 *ad hoc* 중재로 하도록 되어 있다. 독일과의 투자협정은 ICSID, ICC, UNCITRAL 중 1개를 투자자가 선택하도록 되어 있다. ICSID가 들어가 있기 때문에, 분쟁해결조항을 보면 오만과 독일의 투자협정이 좋은 것이 아닌가 하는 느낌이 든다. 다만 앞서 설명한 바와 같이 독일에서 비즈니스를 하고 있는 자회사가 없는 경우에는 조금 사용하기 어려운 경우가 있다. SPC를 사용하여 투자하는 것이라면, 오만·영국의 투자협정을 사용하기 위해 영국을 경유하여 투자하는 편이 좋다. 또는 경우에 따라서는 영국과 독일에 각각 자회사를 설립하여 이중으로, 즉 오만과 영국의 투자협정과 오만과 독일의 투자협정의 보호를 받을 수 있도록 하는 것도 검토할 가치가 있다고 생각한다.

국제중재 Q&A

Question   건설분쟁과 투자협정중재

당사는 건설업에 종사하고 있다. 건설분쟁은 투자협정중재의 대상이 되는가?

Answer

이것은 상당히 어려운 질문이다. 건설분쟁이라는 점에서 어떤 건설계약이 있다는 식으로 상정해보아도 문제를 바라보는 방법에 따라서는 이것이 투자협정으로 보호되는 '투자'에 해당하는지 문제된다. 개별적이고 구체적인 검토가 필요하지만, 건설의 경우는 장기의 계약이기 때문에 기본적으로는 '대상이 된다'고 생각하여도 좋을 것이다. 실제 공항건설 등에 관한 분쟁으로 투자협정중재가 이루어진 예도 있다.

투자의 정의는 상당히 세부적인 이야기이며 복잡하기 때문에 상세하게는 설명할 수 없지만, 예컨대 '1회뿐인 매매계약'으로는 투자가 되지 않을 것이라고 생각한다. 만약 불이행이 있어도 그것은 단지 거래상의 불이행이며 투자에 대하여 국가가 주권을 갖고 침해하였다고 말할 수 없다는 의견이 충분히 있을 수 있다. 한편 건설의 경우는 계약이 일정기간 계속하며 일정한 리스크를 갖고 있는 경우가 있다. 기간이 길면 당연히 그 사이에 국가의 체제가 변하거나 어떤 정치적으로 불안정한 요소가 생기는 리스크도 가지고 있는 것이다. 게다가 현지 사람을 사용하여 사업을 하는 경우라면, 충분히 투자한 것에 해당된다. 따라서 건설분쟁 등은 원칙적으로 투자의 범위에 들어간다고 생각하여도 좋다. 그렇다면 예컨대 국가와의 사이에 건설계약이 있다면 국가가 그 계약을 부당하게 파기하는 것과 같은 경우에는 그것은 Fair and Equitable Treatment에 반한다고 주장해 본다거나, 또는 기본적으로는 계약상 이익의 수용과 유사하다고 주장하여 투자협정위반을 근거로 국제중재를 신청할 여지는 충분히 있다.

또한 국가와의 사이에 직접건설계약을 체결한 경우 국가가 동의하면 계약서에 중재조항을 넣는 것이 가능하다. 그렇게 하면 투자협정과 관계없이 국제중재도 가능하다. 중재기관으로서 ICC 등을 사용할 수 있지만, ICSID도 사용할 수 있다. ICSID는 투자협정에 의한 것에 한정하지 않고, 모든 투자자와 투자유치국과의 분쟁도 취급하기 때문에 국가와의 계약서에 ICSID 중재의 조항을 넣는 것도 가능하다. 많지는 않지만 실제로 이러한 예도 있다. 이에 더하여 이미 설명한 엄브렐러 조항도 있다. 의무를 준수하도록 하는 투자협정이 있다면 이 계약에 기초하여 의무위반에 의한 중재와 투자협정위반에 기초한 중재 2개의 중재를 신청하는 경우도 있을 수 있다.

Question 투자협정에서 탈퇴한 경우는

투자협정에 의한 보호를 받을 수 있는 구조로 투자를 하여 왔지만 투자유치국이 투자협정에서 탈퇴한 경우 그 투자협정에 의한 보호는 받을 수 없는 것인가.

Answer

투자협정의 내용에 의하면, 일반적으로는 체약국 일방이 투자협정으로부터 탈퇴하였다고 해도, 바로 그 투자협정의 효력이 없어지는 것은 아니다. 체약국이 투자협정으로부터 탈퇴한 경우에도 일정 기간(예컨대, 10년 간 등)은 투자협정의 효력이 계속되는 것이 보통이다.

따라서 일반적으로는 투자유치국이 투자협정으로부터 탈퇴한 경우라도 이미 개시된 중재절차가 무효로 되지 않고, 탈퇴 이후에 일절 투자중재를 제기하지 못하게 되는 것도 아니다.

제 **4** 장

국제중재의 시작방법

시작하기 전이 중요하다

▒ 분쟁이 발생할 것 같은 때는

본 장에서는 국제중재가 어떻게 시작되는지, 시작된다면 무엇을 해야 하는지를 설명한다.

우선 분쟁이 발생할 것 같은 때에 무엇을 해야 하는지에 관해서이다.

통상적인 불만이라면 비즈니스 부문에서 대응하면 되지만, '이것은 큰 분쟁이 될 가능성이 있다'고 판단되는 때에는 법무부나, 필요에 따라 외부의 변호사를 빨리 개입시키는 것이 대단히 중요하다. 왜냐하면 분쟁의 불씨가 발생한 시점에, 최종적인 결론을 생각하면서 행동할 필요가 있기 때문이다. 법적분쟁이 생긴 때에 이길 것인가 질 것인가에 따라 대응은 전적으로 다르다. 교섭의 방법, 말하는 내용이나 태도 등도 달라진다. 초기의 단계에서 '이길 것 같은지, 질 것 같은지' 감이 필요하다. 회사로서 이러한 청구가 가능한가. 그것은 어느 정도 강한 것인가. 또는 상대방에게 이와 같은 뉘앙스의 이야기를 들었을 때에 어떻게 항변할 수 있는가. 이러한 것을 분석하는 것이다.

▒ Privilege(변호사 – 의뢰인 특권)의 중요성

'Privilege를 잘 사용한다'라는 관점에서도 변호사를 빨리 개입시키는 것은 중요하다. Privilege란 일본인에게는 익숙하지 않지만 분쟁대응에 있어서는 대단히 중요하다. 일본의 재판과는 다르게 국제중재에서는 디스클로져의 절차가 있다. 제5장에서 설명하겠지만, 일단 중재가 시작되면 미국의 소송처럼 광범위하지는 않아도, 디스클로져를 피해가는 것은 불가능하다. 디스클로져가 있다는 것은 간단하게 말하면 보유한 증거를 전부 제출해야 할 수도 있다는 것이다. 일본의 재판에서는 기본적으로 자신에게 유리한 증거만 제출하고, 자신에게 불리한 것은 제출하지 않고 끝난다. 디스클로져가 있는 국제중재의 경우는 보유한 증거는 전부 제출하게 될 가능성을 상정해 두어야 한다. 제출하지 않고 끝내는 것은 기본적으로 'Privilege가 적용되는 문서'에만 한정된다. 이 Privilege로서 전형적인 것으로 'Attorney-Client Privilege', 즉 '의뢰인과 변호사의 비밀유지에 관한 특권'이 있다. 이것이 있는 문서는 디스클로져의 대상이 되지 않는다. 자신이 변호사에게 상담한 내용까지 상대방에게 드러내는 것은 다툼의 대상이 될 수 없기 때문에, 변호사와의 커뮤니케이션은 privilege로 보호되는 것이다. 따라서 미리 외부의 변호사가 관여하게 만들어 사내에서의 분석이나 검토를 외부의 변호사와의 커뮤니케이션이라는 형태로 한다면 이러한 자료를 제출하지 않고 끝낼 수 있는 것이다. 분쟁의 가능성이 있는 때에, 사내에서 문제점을 검토하여 '우리는 이러한 약점이 있다'와 같은 것을 서면으로 해두면 디스클로져에서 그 문서를 중재의 증거로 제출해야 할 가능성이 있다. 이를 방지하고 싶다면, 그것을 외부의 변호사에게 의뢰하여 외부의 변호사로부터 조언의 형태로 정리하여 받게 된다면 'Attorney-Client Privilege'에 의해 제출하지 않아도 되는 것이 된다.

기록의 보존

이것과 일부는 중복되지만 기록의 보존도 중요하다. 반복적으로 디스클로져가 있다는 것은 기본적으로 보유한 증거를 전부 제출해야 한다는 것이다. 따라서 보유한 증거를 전부 보존하는 것이 매우 중요하다.

기록을 보존하는 것은 자신을 위한 것이기도 하다. 자신들에게 강한 주장이 있다고 하여도, 그것을 증명할 수 없다면 의미가 없다. 증명이라는 것은 증인의 증언과 같은 형태도 가능하지만 문서화되어 있는 것이 보다 강력하다. 따라서 자신에게 유리한 증거를 수집한다는 의미에서도 기록을 보존하는 것이 중요하다.

또한 자신에게 불리한 증거를 수집한다는 의미에서도 기록의 보존은 중요하다. 자신에게 불리한 증거라도, 상대방과 주고받은 이메일이라면 상대방이 가지고 있기 때문에 숨길 수 없다. 또는 내부의 이메일이라도 디스클로져에서 제출해야 하는 것으로 된다면, 중재가 되었을 때 그 메일이 제출된다는 것을 전제로 작전을 세울 필요가 있다. 따라서 상대방이 보유한 증거를 분석한다는 점에서도 기록의 보존은 중요하다.

더불어 기록의 보존은 디스클로져의 대상이라는 의미에서도 중요하다. 최종적으로 디스클로져가 이루어진 때에 보유하고 있어 제출이 당연하다고 생각되는 문서를 제출할 수 없게 되면, 중재인의 심증에 상당히 부정적인 영향을 미친다. 숨기고 있는 것은 아닌지, 또는 파기한 것은 아닌지 억측되어 버리거나, 최악의 경우 문서에 매우 불리한 것이 쓰여 있었다고 인정되어버릴 가능성도 있다. 디스클로져가 있다는 점에서 생각한다면 '서류를 숨긴다'라는 것은 선택지에 없다.

기록의 보존지시

다음은 기술적인 이야기이기 때문에 자세한 것은 다루지 않지만, 회사 내부의 기록을 보존하라고 지시하는 경우에 주의해야 할 점에 관해서 설명한다. 많은 경우, 기록보존의 지시는 서류로 사내의 관계자에게 내려진다. 우선 사안의 개요를 쓴다. 아주 상세하게 쓸 필요는 없지만, 어떤 것인지 알 수 없다면 기록의 보존을 할 수 없기 때문에, 사안의 개요를 간단하게 쓴다. 지시의 내용으로는 '이와 관련한 기록을 보존해주세요'라던지, '절대로 파기하지 마세요'라는 것을 기재한다. 보존해야 하는 기록의 범위는 기본적으로 디스클로져의 대응이 되기 때문에 넓게 잡는다. 그렇게 하면 '이와 관련된 기록 모두'라는 포괄적인 형태가 된다. 기록의 형태도 문제가 되지 않는다. 즉, 하드카피의 문서뿐만 아니라 그 사람이 가지고 있는 메모도 들어가며, 이메일과 같은 전자적인 기록도 포함한다. 교섭경과 등이 문제가 되는 사안에서는 특히나 중요하기 때문에, 초안 등도 모두 들어가게 된다. 요약하자면, 최종적인 것뿐만 아니라, 그 초안 등도 들어가고 원본뿐만 아니라 사본도 들어간다.

기본적인 포인트는 '망설여진다면 보존해주세요'라는 것이다. 만약 사내에서

통상적인 기록파기의 절차(예컨대, 창고에 들어간 것은 5년이 경과하면 파기한다)가 있는 경우는 관련 문서가 파기되지 않도록 할 필요가 있다. 관계자에게는 통지하지만, 빠진 사람이 있다면 그 사람에게도 통지하도록 의뢰하는 문언도 넣는다.

통지 그 자체를 Privilege로 하고 싶다면, 이러한 것들을 외부 변호사에게 제출하도록 하는 등의 방식도 가능하며, 이와 같이 하는 경우도 제법 많이 있다.

▪ 중재 전의 교섭 방법

중재 전의 교섭에서는 교섭이 결론이 나지 않는 경우에는 중재로 가기 때문에 이를 염두에 둘 필요가 있다. 교섭의 포인트라고 할 수 있는데, 일본인에게는 그다지 익숙하지 않지만, 화해교섭은 모두 'without prejudice'로 할 필요가 있다. without prejudice로 한다는 것은 '장래 중재에서 증거가 되지 않는다'는 것이다. 이와 같이 하면, 중재절차에서 '몇월 몇일의 교섭에서 이러한 것을 말하지 않았습니까'와 같은 말이 나오지 않고 끝낼 수 있다. 이렇게 해야 화해교섭에서 어느 정도 자유로운 발언이 가능하게 된다. 따라서 교섭에서 서류를 제출한다면 위의 방법으로 without prejudice라고 쓴다. 자리를 마주하고 교섭에 임한다면, 교섭을 시작할 때 '이것은 without prejudice를 전제로 한 교섭이다'라는 것을 참가자와 합의한 후 진행한다. 다만, without prejudice로 진행한다면 중재에서의 증거로는 되지 않지만, 상대방의 기억에 남는 것까지는 막을 수 없기 때문에 기본적인 태도로서 불이익이 될 것 같은 것은 말하지 않는 것이 중요하다. 중재에서 하게 되는 주장과 모순이 되는 언동은 피해야 한다. 그러기 위해서는, 매우 중요한 국면에 이르거나 중요한 발언을 하는 경우에 그 발언내용에 관해서 변호사의 체크를 받을 필요성이 생긴다.

교섭은 화해할 것인가 중재로 나아갈 것인가를 검토하기 위한 것이지만, 앞서 서술한대로 그것이 교섭태도에 영향을 준다. 어떻게 하여도 화해한다는 방침이라면 '건방진 태도'로 있을 수는 없다. 중재로 가면 분명히 이길 수 있고, 전액 수용이 아니라면 화해하지 않는다고 한다면, 상당히 강한 태도로 교섭에 임하는 것도 가능하다.

최종적으로 화해할지 중재로 나아갈지를 검토하는 것에 관해서는 여러 가지 고려요소가 있지만 당연히 가장 큰 요소는 승패이다. 중재로 가도 질 것 같으면 화해하는 편이 좋다.

다만 승패를 말하기 확실하지 않은 경우가 많다. 예컨대, 60% 정도의 가능성으로 이길 것 같은 때에 어떻게 생각해야 할까. 비용과 시간을 들여서까지 중재를 할 필요가 있는 것인가, 또는 화해하는 경우 이후 비즈니스에 문제가 있지는 않을까 하는 것을 생각해야만 하는 경우도 있다. 상장회사라면 법적으로는 강한 입장에 있을지라도 화해하는 것과 같은 경우에 주주에게 설명할 수 있는가 하는 것도 고려해야만 한다. 비용을 고려하였다든지, 장래의 비즈니스 관계를 고려하였다든지 하는 설명책임이 부과되는가. 또는 그 회사의 정책으로서 부당한 트집잡기를 당하여도 고액으로 화해하는 것이 허용되는가. 이러한 여러 가지 경우를 고려하여 종합적으로 판단하게 된다.

마지막으로 세부적인 것이지만 중요한 점이 있다. 중재를 하는 경우, 분쟁이 발생한 후에 드는 비용을 상대방에게 청구할 수 있는 가능성이 있다. 이를 위하여 발생하는 비용을 기록해두는 것이 대단히 중요하다. 화해교섭이나 그 분석에 사용된 시간이나 담당이사가 할애한 시간은 어느 정도인지와 같은 것은 제대로 기록을 해두어, 최종비용으로 청구하게 된다.

제 **2** 절

신청의 준비

▨ 중재의 신청

다음으로 중재를 신청하는 경우에 필요한 것을 설명한다. 우선 중재를 신청하는 경우에 어떤 것이 필요한지 1부터 8까지 적어두었다(표 4−1). 다만 여섯 번째와 일곱 번째에 각각 '증거의 수집', '전문가증인 선택'이라고 적어둔 것은 반드시 3, 4, 5의 다음에 해야 한다는 뜻은 아니며, 경우에 따라 병행하여 작업을 진행하는 경우도 있을 수 있다.

표 4-1 중재신청에 필요한 사항

❶ 변호사 선택

❷ 중재개시의 전제조건 확인

❸ 중재신청서 작성

❹ 중재인 선정

❺ 중재신청서 제출

❻ 증거 수집

❼ 전문가증인 선택

❽ 임시적 처분

▨ 변호사 선택

우선 중재를 신청하기 위하여 변호사를 선택할 때는 '국제중재의 전문가'를 선택할 필요가 있다. '소송이 가능하다면 중재도 가능할 것이다'라고 생각할 수도 있지만, 국제중재는 독자적인 분야로서 확립되어 있고 국제중재에서는 국제중재의 전문가가 있다. 국제중재분야에서 일류인 사무소는 비교적 수가 적기 때문에 가능한 한 빨리 의뢰하는 것이 상책이다.

또한 '변호사를 선택에 대해 계약의 준거법이 되는 국가의 변호사가 좋은 것은 아닌가'라는 질문을 받는 경우가 있다. 준거법이 인도네시아 법이라면 인도네시아의 변호사를 선택해야 하는가라는 이야기이다. 이에 관해서는 '그럴 필요는 없다'는 것이 답이다. 실제로 이러한 경우 인도네시아의 변호사를 선택해야만 하는 것은 아니다. 인도네시아법이 문제가 되어도 준거법에 관하여 적절하게 현지의 변호사로부터 조언을 받으면 문제되지 않는다.

반대로 중재에서 사용하는 언어는 변호사를 선택하는 중요한 요소가 된다. 증인신문에서 사용하는 것은 그 언어이다. 경우에 따라서는 통역을 사용하는 것도 가능하지만, 역시 중재에서 사용하는 언어를 모국어로 하는 중재전문변호사가 있는 법률사무소에 의뢰하는 편이 좋다.

▨ 중재개시의 전제조건

중재를 개시하기 위하여 필요한 조건이 정해진 경우가 있다. 예컨대 중재를 개시하기 전에 일정기간(예컨대 90일간) 교섭해야 하거나 또는 중재를 개시하기 전에 조정을 해야 하는 경우이다. 이러한 조건을 만족하지 않으면 중재신청은 불가능하기 때문에, 그 부분을 확인할 필요가 있다. 기간이라는 점에서는 예컨대 '분쟁이 발생한 때로부터 90일간 교섭한다'고 되어 있는 경우에 '분쟁발생'은 언제부터인가라는 것이 문제가 된다. 예컨대 일방당사자가 분쟁통지를 상대방당사자에게 보낸 뒤 90일간 교섭하여도 해결할 수 없는 경우는 중재를 개시할 수 있다고 되어 있는 경우가 자주 있다. 2013년 7월에 보도된 사건으로 미국의 원자력발전소를 운영하는 전력회사가 미쓰비시중공업을 상대로 중재합의에 기초하여 분쟁통지를 보냈다. 통지가 보내지고 90일간 교섭하여도 해결할 수 없었

던 경우로서 중재를 신청할 수 있었고, 같은 해 10월이 되어 ICC에 중재가 신청
되었다. 이 분쟁통지는 20쪽 가량 꽤 긴 것이었지만, 보통은 약 3쪽 정도이다.
아마도 이것으로 상대방을 압박하는 경우도 있을 것이기 때문에, 내용을 상세하
게 다루어 보겠다.

■ 신청서 작성

다음으로 중재신청서의 작성이다. 중재신청서에 쓰는 내용에 관해서는 중
재규칙에 정해져 있지만, 어느 중재기관의 중재규칙이든 비슷한 사항을 기재하
게 되어 있다. 여기서는 ICC의 경우를 예로 설명한다(표 4-2).

표 4-2 중재신청서의 기재사항 (ICC)

- 당사자 · 대리인의 명칭 등
- 분쟁의 상황이나 청구의 근거
- 요구하는 구제의 내용으로 (금전적 청구라면 청구액도 기재)
- 관련 있는 계약 (중재합의)
- 중재인의 수나 선정방법에 관한 사항
- 중재지, 적용되는 법령, 중재언어 등에 관한 사항

우선 첫 번째는 당사자나 대리인의 명칭이나 연락처이다.

두 번째로는 분쟁의 상황이나 청구의 근거이다. 이에 관해서는 상대방의 답
변서가 나온 후에 'Statement of Claim'이라는 보다 상세한 주장을 기재한 서면
을 제출할 기회가 있기 때문에, 중재신청서의 단계에서는 간결하게 기재하는 것
이 보통이다.

세 번째로 요구하는 구제의 내용, 예컨대 '100억엔을 지급하라' 또는 '권리
를 가졌다는 것을 확인시켜 달라' 등으로 기재한다.

네 번째로는 중재합의 등과 관련있는 계약에 관하여 기재한다.

그리고 중재인의 수나 중재인을 선택하는 방법에 관해서 중재합의로 정해
져 있는 사항을 기재한다. 중재합의에서 정해져 있지 않다면, 중재인의 수를 3
인으로 해야 한다는 등의 의견서를 작성한다.

이에 더하여 중재인이나 적용되는 법령, 중재언어 등에 관하여도 중재합의

로 정해져 있다면 그 내용을 작성한다. 중재합의로 정해져 있지 않다면 신청인의 의견이나 제안 등을 작성한다.

　중재신청서는 20쪽 정도로 짧은 것이 보통이다. 마지막으로 '청구를 변경할 권리를 유보한다'는 문서를 작성한다. 중재신청서는 간결한 것이 많고 준비할 시간이 충분하지 않은 경우도 있다. 중재신청서를 제출한 후에 검토한 결과, 청구액을 확장하는 경우도 자주 있기 때문에 중재신청서의 단계에서는 청구를 변경할 권리를 유보해둘 필요가 있다.

Column Conflict 이야기

　해외의 유명한 법률사무소(가령 A사무소라고 한다)가 자신들은 다룰 수 없는 국제중재사건에 관해서 국제적인 법률사무소(B사무소라고 한다)에게 견적을 의뢰하는 경우가 있었다. 대량의 자료를 보내고, 견적을 의뢰한 것이었지만, 실제로는 의뢰하지 않게 되었다. 이러한 것이 몇 번 반복되었다. 실은 A사무소가 자료를 보낸 것으로, B사무소가 상대방 측의 대리인이 되지 못하게 하는 작전이었다. 법률사무소는 사건에 관해서 상담을 받게 되면, 상대방을 대리할 수 없다. 그래서 자료를 보내어 상대방으로부터 선임을 받지 못하게 한 것이다. 기업의 존망에 관한 큰 사건도 드물지 않은 국제중재의 세계에서는 이러한 '허허실실의 책략'도 행하여지고 있다.

제 **3** 절

중재인의 선정 방법

■ 중재인의 선정

다음으로는 중재인의 선정이다. ICC의 경우는 중재신청서에 중재인을 지명하게 되어 있기 때문에 신청서의 작성과 병행하여 누구를 중재인으로 선정할지 검토할 필요가 있다. 중재인은 변호사나 판사를 선택하는 것이 일반적이다. 중재인의 선정은 중재에 있어 가장 중요한 전략적인 선택이다. '판정하는 사람'을 선택하는 것이기 때문에 매우 중요한 선택이다. 따라서 중재인을 선택할 때에는 후보자의 due diligence가 필수적이다. 후보자의 경력이나 중재인으로서의 경험이나 전문성 등을 충분하게 체크한 후에 지명할 필요가 있다.

중재인의 조건으로서는 우선 국제적인 지위와 평가가 중요하다. 국제적인 명성이 있는 사람은 상대방이 선택한 중재인이나 의장중재인에 대하여 영향력이 있다. 또한 중재사건의 내용에 관해서 고도의 전문성을 가진 사람이라면 사건의 내용을 쉽게 이해하고 업계의 복잡한 사정을 이해한 후에 판단할 것으로 기대할 수 있기 때문이다.

이에 더하여 다른 중재인을 설득할 능력도 중요하다. 중재인이 3인인 경우, 자신이 선택한 중재인으로 상대방이 선택한 중재인과 의장중재인을 설득해야 한다. 따라서 다른 중재인을 설득하는 능력이 있는 사람이 좋은 중재인이 된다.

그래서 사안의 성격으로 보아 자사에 유리한 판단을 할 것 같은 사람을 선택할 필요가 있다. 문제는 어떻게 그것을 판단하는가 하는 것이지만, 투자중재에서 중재판정은 공표되기 때문에 어떤 중재인이 어떠한 판단을 하였는가를 알 수 있다. 보통의 상사중재의 경우는 중재판정이 공표되지 않기 때문에 중재인후보자가 법률잡지에 쓴 기사나, 비즈니스 잡지, 신문 등에서 그 사람이 쓴 기사를 찾아 판단하는 방식으로 조사하기도 한다. 또한 국제중재의 경험이 많은 법률사무소라면 그 후보자가 중재인이 된 사건을 담당한 경우가 있는 변호사도 있기 때문에 상담을 통해 이전의 사건에서 어떠한 판단을 하였는가를 아는 것도 가능하다.

중재인이 되어서는 안 되는 사람

반대로, '중재인이 되어서는 안 되는 사람'도 있다. 우선, 첫 번째로는 공정성을 의심받는 사람이다. 예컨대, '나는 자신을 선택해 준 당사자를 위하여 판정한다'와 같은 것을 공언한 사람은 부적절하다. 이러한 사람을 선택하면 상대방이 선택한 중재인이나 의장중재인에 대하여 설득력을 잃게 된다.

또 한 가지는 너무 바쁜 사람이다. 아무리 유능한 사람이어도 너무 바쁜 사람을 중재인으로 선택해버린다면, 사건의 기록을 확실하게 읽을지 알 수 없고, 충분하게 생각하여 상대방이 선택한 중재인이나 의장중재인을 설득할 수 없을지도 모른다. 이와 같은 의미에서 너무 바쁜 사람은 피해야 한다. 이것은 인터뷰를 하면 알 수 있다. 인터뷰라고 하여도 사건의 내용을 이야기하는 것은 불가능하지만, 그 후보자가 어느 정도의 안건을 책임지고, 어느 정도의 시간을 이 중재에 들일 것인가를 듣는 것은 별로 문제되지 않는다. 이러한 것을 들어 가능한 한 시간을 많이 들일 것 같은 사람을 선택하는 것이 현명하다. 다만 이것도 사안에 따라 판단해야 한다. 바빠서 심리가 다소 지연되는 리스크가 있다고 하여도, 자사에게 유리한 판정을 해 줄 것 같은 사람이라면 그 사람을 선택하는 경우도 있을 수 있다.

기타 고려요소로는 '클럽 회원'인가 하는 것이 있다. 실제로 국제중재의 분야에서는 국제중재 전문가들의 작은 커뮤니티가 있다. 중재에 관한 큰 국제회의가 있으면 자주 중재인을 하는 사람이 모인다. 국제중재의 경험이 풍부하고 그 커뮤니티 중에서 얼굴이 알려진 사람이라는 것은 중재사건에서 어떠한 판정을 하는가, 어떻게 절차를 진행하는가라는 점에 관해서 예측이 쉽다. 상대방이 선택한 중재인에 대하여 영향력도 있다. 이러한 의미에서 이것도 한 가지 고려요

소이다. 다만 커뮤니티의 회원이 아닌 젊은 사람을 선택하여 공격적으로 진행한
다는 전략도 있을 수 있다.

그리고 자주 문제가 되는 것이 준거법과의 관계이다. 준거법을 잘 아는 사
람을 중재인으로 선택해야 하는가 하는 것이다. 기본적으로 준거법의 전문가를
선택해야 하는 것은 아니다. 준거법에 관해서는 당사자가 전문가증인을 세워 의
견서를 제출한다. 따라서 지금까지 서술한 바와 같이 설득력이 있다거나 지나치
게 바쁘지 않다는 등의 조건을 보다 중시해야 한다. 다만 당사자가 선택한 중재
인이 모두 준거법의 전문가가 아닌 경우는 세 번째로서 선택할 수 있는 의장중
재인을 준거법의 변호사로 선택하는 경우도 종종 있다.

▨ 중재인의 이익상반

중재인을 선택할 때에 주의하는 편이 좋은 것이 이익상반의 문제이다. 예컨
대, 중재인이 소속한 법률사무소의 변호사가 일방당사자의 대리인인 경우이다.
이러한 경우는 중재판정을 할 때에 일방당사자의 편을 드는 것은 아닌가라는 우
려가 있기 때문에 상대방으로부터 이의신청을 받을 가능성이 있다. 이의신청이
있으면 중재인이 스스로 사퇴하거나 다툼이 있는 경우에는 중재기관이 판단하
는 경우도 있다.

그 외에 이의신청의 근거가 되는 것은 예컨대 중재인이 일방당사자의 주식
을 상당한 비율로 보유하고 있다거나 또는 중재인이 과거 3년 이내에 당사자의
대리인으로 근무하였던 경우 등이다.

또한 '같은 법률사무소가 여러 번 선임'하는 것도 문제가 되는 경우가 있다.
이것은 예컨대, 과거 3년간 4회 이상 선택되었거나, 몇 번이고 같은 법률사무소
부터 선택된 중재인은 선택한 법률사무소에게 유리한 판단을 한 것은 아닌가라
는 문제제기를 받을 가능성이 있다. 따라서 이러한 문제가 생길 것 같은 중재인
은 가능한 한 피하는 편이 좋다.

또한 국제중재에서는 IBA(국제변호사협회)가 이익상반에 관한 가이드라인을
제시하였다. 어떠한 경우에 이익상반이 있는지에 관해 자세한 규칙이 있는 것은
아니고 이러한 가이드라인에 따라 이익상반이 있는지 여부를 판단하는 것이 보
통이다.

중재신청의 절차

중재신청서 제출

중재신청서의 제출은 중재기관에 우송하여도 좋지만, 전문배송업체(예컨대 FedEx 또는 DHL)로 보내는 것이 일반적이다. 이미 상대방과 교섭을 하였다면, 상대방에게도 같은 전문배송업체로 보내는 것이 보통이다. 송달주소에 관해서는 계약서의 통지조항(Notice Clause)에 주소가 지정되어 있다면, 그에 따라 송부한다. 신청인이 상대방에게 보내지 않아도, 중재기관이 상대방에게 보내준다.

이는 국제적인 소송과 비교한다면 상당히 다른 것이다. 소송의 경우는 국가의 절차이기 때문에 각국의 민사절차법에 송달방법에 관한 규정이 있다. 일본의 회사가 일본에 거점이 없는 해외의 회사를 제소하려면 송달하는데 3개월에서 6개월이 걸린다. 중재의 경우는 신청서를 FedEx나 DHL로 보내어도 좋기 때문에 편리하다. 이에 더하여, 서류를 하드카피로 내는 것은 신청서뿐이다. 신청서는 중재인, 상대방, 중재기관의 것 몇 부를 보내며, 신청서를 제출한 후에는 기본적으로 PDF를 이메일로 보낸다.

그리고 신청인은 중재기관에 신청비용을 지불할 필요가 있다. 이것은 신청인이 지불하는 비용이다. ICC의 경우 미화 3,000달러[1]로 이러한 신청비용을 지불한다.

---

1) 역자 주: 2017년 6월 기준 5,000달러

다음으로 중재비용이다. 당사자는 중재기관의 관리비용과 중재인의 보수를 중재기관에 지불하는데, 여기서는 전형적인 예로 ICC에 관해 설명한다. 중재위탁 요지서(Terms of Reference)(104쪽 참조) 작성까지의 비용에 관해서는 중재기관으로부터 잠정적인 예납금의 형식으로 신청인에게 지불하라고 한다. 이것은 신청인이 지불해야 하는 것이기 때문에 이를 지불하지 않으면 절차가 진행되지 않는다. 그후 중재위탁요지서(Terms of Reference)가 나온 단계에서 정식예납금의 액수가 결정된다. 정식예납금의 액수가 나오면 그것을 신청인과 상대방이 50%씩 부담한다. 최종적으로 50%씩 부담하기 때문에, 신청인 측의 경우 정식예납금에서 이미 지불한 잠정적인 예납금은 빼고 난 후 사전에 지불할 비용이 계산된다. 덧붙여서 중재비용 전체에 관해서는 변호사 비용과 앞서 설명한 사내 비용 등을 포함하여, 최종적인 중재판정에서 누가 얼마만큼 부담하는가를 결정하기 때문에, 그 결정에 따라 납부한 예납금을 상쇄하는 형태로 최종적으로 정산된다.

▥ 증거 수집

신청서를 작성하는 단계에서는 문서 등을 상세히 검토하지 않는(할 시간이 없는) 경우가 많기 때문에, 신청서는 대부분의 경우 간결하다. 신청서를 제출한 후에 기록을 상세히 검토하는 것이 보통의 흐름이다. 국제중재에서는 디스클로져가 있기 때문에 기본적으로는 관련된 이메일 등도 전부 보게 된다. 큰 사건의 경우에 검토할 문서는 그 양이 상당히 방대하다. 이러한 경우에는 전문업자를 활용하게 되며, 자세한 것은 다음 장에서 설명한다.

여기서 증거라는 것은 문서 등 모든 서증(書證)뿐만 아니라, 증인도 포함된다. 증언도 훌륭한 증거가 되기 때문에 관계자의 인터뷰도 문서의 검토와 병행하여 시행한다. 여기에는 관계자를 인터뷰하여 그 사안을 여러 가지 측면으로부터 파악한다는 목적과 함께 장래 증인으로서 누구를 출석시킬지를 선택한다는 또 한 가지 중요한 목적이 있다.

국제중재의 경우 증인신문에서 주신문은 거의 시행되지 않는다. 재판의 경우에는 자신이 신청한 증인에 관해서 먼저 그 증인에게 여러 가지를 질문하고(주신문), 그리고 상대방 측도 같은 증인에 대하여 질문(반대신문)한다. 국제중재에서는 주신문이 없거나 있어도 5분 정도이다. 주신문을 대신하는 것이 진술서이다. 증인으로 부르고자 하는 사람에 관해서는 우선 진술서를 낸다. 여기에 받아내고 싶은 증언을 전부 쓴다. 진술서를 낸 다음, 증인신문기일(히어링)에 상대방이 그 증인을 반대신문하는 흐름으로 진행된다. 진술서를 내면 그 사람은 증인으로 부르게 될 가능성이 있기 때문에 그 사람이 증인으로 적당한지 여부를 검토할 필요가 있다. 간단하게 말하면 반대신문에 견딜 수 있는지 여부이다. 이 능력은 여러 가지 것을 알고 있는 것과는 다른 것이기 때문에 주의가 필요하다. 또한 증언할 때에 상당한 준비가 필요하기 때문에, 바빠서 준비의 시간을 들일 수 없는 사람도 증인으로서의 적격성에 문제가 있다. 이러한 것도 고려하면서 관계자를 인터뷰하고 증인으로 적절한 사람의 진술서를 제출하게 된다.

전문가증인(Expert Witness) 선택

다음으로 전문가증인(Expert Witness)을 선택한다. 국제중재에서는 전문가증인도 자주 이용되고 있다.

전문가증인에는 크게 나누어 두 종류가 있다. 우선 한 가지는 금융전문가(Financial Expert)이다. 손해배상을 청구하는 중재사건에서 대부분의 경우 금융전문가를 사용한다. 어떤 사람이 금융전문가가 되는지를 살펴본다면, 회계사나 경제학자가 된다. 단순한 안건이라면 금융전문가는 불필요하지만, 채무불이행에 의한 손해배상청구의 경우, 즉 상대방이 이행하였다면 이것만으로 이익이 발생했을 것이라는 이유로 청구하는 경우에는 상당히 상세한 분석이 필요하다. 이 부분에서 금융전문가를 사용하게 된다. 전문가증인은 의견서를 제출하고 경우에 따라서는 심리기일에 반대신문을 받게 된다.

전문가증인의 두 번째는 기술분야전문가(Technical Expert)이다. 건축에 관한 분쟁이라면 건축의 전문가를 불러들인다. 예컨대 일본법준거 계약의 해석에서 그 계역서의 문언을 일본법에서는 어떻게 해석하는지가 쟁점이 되는 경우가 자주 있다. 다른 문언이나 증거도 고려하는가, 그렇지 않으면 계약서의 문언만으로 해석하는 것인가. 이러한 점은 일본 민법의 문제이기 때문에 일본의 민법학자 등을 전문가증인으로 사용하게 된다. 이것도 기술분야전문가의 일종이다.

또한 전문가는 많지만, 국제중재에서 출석하여 증언하고, 반대신문을 받아도 괜찮은 전문가는 실제로는 적다. 이 때문에 빨리 의뢰하는 편이 유리하다. 또한 자신이 접촉한 전문가는 사건의 개요를 어느 정도 설명하면 이익상반으로 상대방의 전문가증인이 되지 못하기 때문에 이러한 관점에서 빨리 접촉해야 한다.

잠정적 조치

중재에서는 중재판정부가 만들어지고 나서 중재판정이 나오기까지 2년 정도 걸린다. 그 사이에 상대방이 재산을 처분해버리거나 상대방 측의 부당한 행위를 이유로 중재기간 중에 그것을 막고자 하는 경우가 있다. 이러한 사태에 대처하는 것이 잠정적 조치 또는 보전조치라고 하는 것이다. 이러한 조치가 필요한 경우, 당사자는 법원을 이용할 수 있다. 예컨대, 도쿄지방법원에서 재산의 처분을 금지하기 위한 가압류를 받을 수 있지만, 이것과는 별개로 보전조치에 관해서도 '중재절차를 이용하고 싶다'라는 경우라면, 많은 중재기관에도 해당하는 내용이 있다. 또한 중재기관에 따라서는 긴급중재인제도를 마련해 둔 곳도 있다 (ICC, ICDR, SIAC, JCAA, SCC 등). 정식으로 중재인이 선정되어 중재판정부가 성립하기 전에도 신속하게 긴급중재인이라는 특별한 중재인을 선정하여 그 긴급중재인에게 보전명령을 받을 수 있는 구조이다.

다음 <표 4-3>은 법원과 긴급중재인을 비교한 것이다. 우선 중립성이라는 관점에서는 제1장에서 설명한 바와 같이, 법원의 경우는 중립성에 문제가 있는 경우가 있다. 이에 반해, 긴급중재인에 있어서는 중립성이 문제되지 않는다. 속도에 관해서는 법원에 따라 다르지만, 긴급중재인의 경우는 신청이 있은 후로부터 2일 정도 내로 긴급중재인이 선정되면 그 후 14일 정도에 중재판정을 내리는 것이 일반적이기 때문에 비교적 신속하게 이루어진다고 할 수 있다.

표 4-3 법원과 긴급중재인

	중립성	속도	상대방의 신문을 거치지 않는 명령	제3자에 대한 명령	집행가능성
법원	△	법원에 따라 다르다.	○	○	○
긴급중재인	○	○	×	×	?

'상대방의 신문을 거치지 않고 명령을 내릴 수 있는가'라는 것은 상대방의 항변을 들을지 여부의 이야기로, 법원은 상대방의 항변을 듣지 않고 재산을 가압류시킬 수 있다. 재산을 가압류하려는 것을 상대방이 알아버렸다면 처분되기 때문에, 상대방에게 따로 연락하지 않고 가압류해버리지만, 중재의 경우에는 이것이 가능하지 않다. 따라서 상대방은 신청이 이루어진 것을 알게 된다. 또한 제3자에 대한 명령이 가능한 것인가. 법원은 국가권력이기 때문에 이것이 가능하지만, 중재의 경우는 제3자에 대하여는 불가능하다. 집행가능성은 어떠할까. 법원의 재판은 집행가능하지만, 긴급중재인의 판정을 집행할 수 있을지는 반드시 명확하지는 않다. 다만 중요한 것은 이러한 조치는 임의의 이행이 기대될 수 있는 것이다. 왜냐하면 앞으로 중재를 함에 있어 긴급중재인의 판정에 따르지 않으면 심증에 매우 안 좋은 영향을 미치게 되기 때문이다. 따라서 기본적으로는 임의의 이행이 기대될 수 있기 때문에 집행가능성에 관해서는 그 정도로 걱정할 필요가 없게 된다.

중재를 신청받으면

▨ 신청서 수령

지금까지 중재를 신청하는 절차를 설명해왔지만, 이하에서는 중재를 신청받는 측이 어떻게 하는가에 대해 설명한다.

중재신청서를 받게 되었을 때, 그때까지 변호사를 선임하고 있지 않았다면, 바로 선임해야 한다. 제1절에서 설명한 바와 같이 기록보존의 지시를 내지 않고 있었다면, 바로 내릴 필요가 있다. 또한 중재조항에서 정해진 중재개시의 전제조건이 충족되는지 여부를 검토하고 만약 충족되지 않는다면 그것에 관해서 이의신청 여부를 검토한다. 그리고 답변서를 작성하여 중재인을 선정한다. ICC의 경우는 답변서에 자신이 지명할 중재인을 기재해야 한다. 그 외에 앞서 서술한 바와 같이 증거수집이나 전문가증인을 선택하는 등 신청인과 동일한 것을 한다.

중재신청서의 수령에 관해서 약간 보충하자면, 중재신청서는 기본적으로 중재기관으로부터 전문배송업체을 통해 받는다. 중재조항이 포함된 계약서 중에 통지방법이나 통지처에 관해 정함이 있고, 그 중에 이메일이 기재되어 있다면, 이메일로도 받는다. 이에 더하여 경우에 따라서는 신청인 측으로부터 사본이 발송되는 경우도 있다. 여기서 주의해야 할 점은 이러한 서류는 법무부서 또는 관련부서에서 반드시 받도록 해두는 것이다.

계약서에 통지처가 적혀 있지 않다면, 중재기관은 회사명만 적어서 '○○주식회사 귀중'과 같은 형식으로 송부한다. 이렇게 하면 갑자기 영어서류가 발송되는데, 몇 주간 방치되는 경우가 일어나기 쉽다. ICC 등의 중재기관으로부터 도착하는 서류는 전부 법무부서에서 받도록 시스템을 만들어 둘 필요가 있다.

▥ 답변서 작성

답변서의 내용은 신청서와 거의 같으며 간결하게 기재한다. 상대방 측의 주장에 대한 반론이나 자신의 주장을 적거나 중재인의 수나 절차에 관한 의견 등도 적는다. 반대청구가 있는 경우, 답변서 중에 그 청구에 관해 기재할 필요가 있다.

▥ 중재인의 선정기준

중재의 상대방 입장에서 중재인을 선택하려면, 신청인 측과는 다른 관점이 필요한 경우도 있다.

최초로 검토해야 하는 점은 후보자의 연령이나 성격이다. 이러한 것들은 신청인 측에서도 중요한 점이지만, 상대방의 경우는 특히 중요하다. 그것은 상대방이 지명한 중재인이 신청인이 지명한 중재인과 어떻게 이야기를 주고받을 것인가를 검토할 필요가 있기 때문이다. 만약 신청인이 지명한 중재인이 매우 바빠서 일이 늦어진다고 생각되는 경우에는 비교적 젊은 중재인을 지명하여 사건을 진행하도록 하는 편이 좋을 수 있다. 반대로, 신청인이 지명한 중재인보다 나이가 많은 중재인을 지명하는 편이 상대방의 중재인에게 영향을 미치는 것이 가능하도록 할 수도 있다. 이러한 점을 검토하여 신중하게 선택할 필요가 있다.

다음은 인적관계이다. 지명하려고 하는 중재인은 신청인이 지명한 중재인과 같은 중재판정부를 구성한 적이 있는가. 투자협정중재에 관해서는 ICSID 등의 홈페이지에서 중재판정이 업로드되기 때문에 간단하게 조사할 수 있다. 이러한 과거의 중재판정을 보면 자신이 선택하려는 중재인이 상대방에 의해 선택된 중재인을 어느 정도 설득할 수 있는지를 알 수 있을지도 모른다. 만약 지명하려는 중재인들이 이전에 중재인으로서 같은 중재판정부를 구성한 적이 있다면 그때 어느 쪽의 의견이 중재판정부의 의견으로 받아들여졌는지(어느 쪽이 이겼는지)를 알아둘 필요가 있다.

마지막으로 준거법이다. 앞에서 서술한 바와 같이 문제가 되는 계약의 준거법에 관해서 자격을 가지고 있는 사람을 중재인으로 지명할 필요는 없다. 그러나 만약 신청인이 준거법의 법조자격을 가지고 있는 현지의 법률가를 중재인으로 지명한 경우, 상대방으로서는 지명한 중재인이 신청인의 중재인과 충분하게 의논할 수 있게 할 필요가 있다. 또한 신청인이 선택한 중재인이 의장중재인에게 영향력을 미치는 것을 피하고 싶은 경우에는 준거법 상의 자격을 가진 중재인을 지명하는 것을 고려할 필요도 있다.

■■■ 국제중재의 타임라인

이상으로 신청인이 중재를 신청하고, 이에 대하여 상대방이 답변서를 제출하는 것까지 국제중재의 절차를 살펴보았다. 여기에서는 그 이후 절차의 흐름을 간단하게 보도록 하자.

중재인이 선정되어 중재판정부가 구성되고 난 후 중재위탁요지서(Terms of Reference)나, 제1회 절차명령(Procedural Order No.1)이 제출된다. 중재위탁요지서는 당사자 주장의 개요를 정리한 것이다.

절차명령이라는 것은 이후의 절차 스케줄이나 진행방법에 관해서 중재판정부가 내리는 명령이다. 기본적으로는 그 명령에 따라 이후의 절차는 진행된다.

그 후 신청서나 답변서보다도 상세한 내용을 기재한 주장서면의 교환이 있고 그 안에 계약서 등의 서증을 첨부하거나 또는 진술서나 앞서 설명한 전문가 증인의 의견서 등을 첨부한다. 주장서면의 교환 중 또는 그 후에 디스클로져를 시행하며, 그 다음은 심리(Hearing)로 진행된다. 디스클로져와 심리에 관해서는 다음 장 이후에서 상세하게 설명한다.

덧붙이자면, 국제중재를 하면 비교적 소규모 안건으로 무난하게 진행된 경우에도 1년 반에서 2년 정도 걸린다. 큰 사건이나 당사자가 격렬하게 다투는 사건에서는 더 걸리는 경우도 많이 있다. 어찌되었든 처음 중재신청이 있은 후, 초기 단계의 중재위탁요지서나 절차명령이 내려질 때까지 수개월이 걸리기 때문에 상당한 시간이 걸린다고 생각될 수도 있는데, 중재인을 선정한다든지 여러 가지 할 일이 있기 때문에 이 정도 걸리게 되는 것이다.

국제중재 Q&A

Question   국가를 상대로 하는 중재에서의 주의점

국가를 상대로 중재를 신청하는 경우, 준비에 있어 특별히 유의할 점은 어떤 것이 있는가?

Answer

일반적으로 상대방이 국가라고 하여 준비단계에서 특별히 다른 점은 없다. 다만 주의해야 할 점을 3가지 정도 들어본다면, 우선 Sovereign Immunity(주권면제)의 문제가 있다. 국가의 주권행사의 범위 내의 문제에 관해서는 중재의 대상이 되지 않는다는 논의가 있다. 상대방 국가가 이러한 주장을 할지 여부를 체크할 필요가 있다. 예컨대 전기나 가스에 대한 계약이라면, 전형적인 상업계약이기 때문에 아마 계약서에서 Sovereign Immunity를 포기하였을 것이다. 이러한 조항이 있다면 문제없다. 계약서에 없다면, 관련 법률이나 조약을 검토한다. 상업적인 거래라면 주권의 문제는 거의 관련이 없겠지만, 이 점은 국가 특유의 문제이기 때문에, 일응 체크할 필요가 있다.

그 다음은 미디어 대책이다. 큰 중재라면 민간기업 사이의 분쟁에도 미디어는 관심을 보이기 때문에 미디어 대책이 필요하다. 국가를 상대로 한 경우는 보도될 가능성이 한층 높기 때문에 미디어 전략을 취할 필요가 있다. 적어도 신청서를 제출하는 단계에서는 외부용 성명 같은 것은 주의할 필요가 있다.

ICSID와 같은 투자협정중재의 경우는 중재가 진행되는 상황이나 중재판정이 공표된다. 일단 시작하면 화해로 끝날 가능성은 낮다고 생각하는 편이 좋을 것이다. 따라서 우선 중재를 신청하고 화해하려는 전술은 국가를 상대로 하는 투자협정중재의 경우에는 성공하기 쉽지 않을 것이다.

제 5 장

증거개시(디스클로져)를 어떻게 활용하는가

디스클로져란 무엇인가

디스커버리라고도 한다

디스클로져는 주로 영국 등에서 사용되는 단어로, '증거개시절차'등으로 번역된다. 미국에서는 디스커버리라고 하는 경우가 더 많다. 디스클로져란 간단하게 말하자면, 중재의 상대방에게 보유한 관련증거를 제출하게 하는 절차이다. 상대방에 대하여 '갖고 있는 카드를 보여달라'고 하는 것이다.

디스커버리라고 하면 미국의 소송을 떠올리거나 시간과 비용이 들어 부정적인 이미지가 있지만, 매우 공정한 것이라고 할 수 있다. 요컨대, 양당사자는 보유한 증거를 모두 개시(開示)하여 그 후에 공정한 판정을 받는 것이기 때문에 이념적으로는 훌륭하다고 판단된다.

예컨대 어떤 회사가 대형 사기사건의 피해를 입었다. 신뢰할 수 있는 회사와 거래를 하던 중 어느 날 그 회사로부터 내용증명이 왔고, '이 거래는 종업원이 멋대로 한 것으로 회사는 일절 알지 못했다. 이후 일절 돈을 지불하지 않는다'라고 하였다. 이러한 경우, 손해배상을 청구하려고 하여도 속임을 당했다는 것은 알고 있지만 누가 어떻게 관여하였는지까지는 알 수 없는 것이 보통이다. 거래처인 회사가 '종업원이 멋대로 한 것이다'라고 말하였어도 그것이 사실인 것인지는 상대방 내부의 커뮤니케이션을 보지 않으면 알 수 없다. 또한 이 거래에 많은 회사가 관여하고 있다면, 이들 회사가 어디까지 사정을 안 후 거래를 하였는지를 알 필요가 있다. 이를 위해서는 이들 회사 각각이 관련된 증거를 개시해주지 않으면 입증이 불가능하다. 따라서 이렇게 생각하면, 디스커버리, 디스클로져라는 제도 자체는 공정하다고 할 수 있다. 다만 모조리 제출시킨다면, 비용이 들고 번거롭기 때문에 공정성과 효율성이 대립하게 된다. 그 적정수준을 어떻게 정할 것인가가 이 디스클로져에서 가장 어려운 부분이다.

영미법(Common Law)과 대륙법(Civil Law)의 차이

디스클로져에 관해서는 영미법과 대륙법에서 접근이 다르다. 디스클로져라는 것은 영미법의 개념으로 상당히 광범위한 것이 인정된다. 특히 미국의 디스커버리에서는 '관련성이 있을지도 모른다'는 정도의 것까지 대상이 되기 때문에 대단히 중요하다. 관련성이 있을지도 모르는 문서까지 제출시킨 후에 개시를 받는 측이 정밀하게 조사하여 증거로 하는 것이기 때문에, '증거조사'적인 측면이 있다. 이에 반하여 일본을 포함한 대륙법계에서는 기본적으로 디스클로져라는 개념이 없다. 각자가 스스로 보유하고 있는 증거를 제출한다. 스스로에게 유리한 것은 제출하고 불리한 것은 숨기게 마련이다.

국제중재에서는 어떤가에 대해 언급하자면, 국제중재는 사적분쟁해결시스템이기 때문에 디스클로져를 할지 여부, 만약에 한다고 하여도 그 범위를 어디까지로 할 것인가는 당사자 사이에서 결정된다.

만약 당사자 사이에서 결정되지 않는 경우에는 중재판정부가 결정하게 된다. 절차에 관한 것이기 때문에 중재판정부는 상당히 광범위한 재량을 갖는다. 실제로는 IBA가 작성한 'Rules on Taking of Evidence in International Arbitration'(국제중재에서의 증거조사에 관한 규칙)이라는 규칙에 따라 시행되는 경우가 많다고 할 수 있다. 이 IBA의 규칙에서는 개시의 대상이 되는 기준이 'relevant to the case and material to its outcome'이다. 해석하면 '이 사건에 관련이 있고 분쟁의 결과에 대하여 중대한 영향을 미치는 것'이 된다. 이 기준에 합치하는 문서를 대상으로 하여 디스클로져가 시행되는 것이 일반적이다.

디스클로져의 실제 모습

실제로 국제중재에서 어느 정도 디스클로져가 시행되는지를 나타낸 그래프

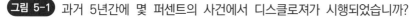

그림 5-1 과거 5년간에 몇 퍼센트의 사건에서 디스클로져가 시행되었습니까?

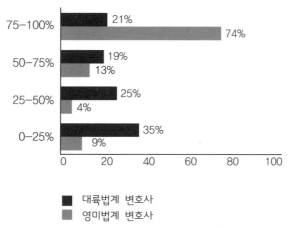

출처: Queen Mary University of London, 2012 International Arbitration Survey: Current and Preferred Practices in the Arbitral Process

가 <그림 5-1>이다. 이 그래프는 영국의 대학이 2012년에 실시한 조사이다. 설문조사에 대답한 사람들은 국제중재에서 대리인이나 중재인을 맡은 변호사나 당사자였던 회사의 사내변호사이다. 이 사람들에게 '당신이 과거 5년간 관여한 중재 가운데 몇 퍼센트의 사건에서 디스클로져가 시행되었습니까'라고 물었고, 영미법 변호사는 실제로 90% 가까이가 '절반 이상의 사건에서 디스클로져가 시행되었다'고 말하였다. 대륙법 변호사의 경우는 조금 비율이 내려가서 40% 이상이 '절반 이상의 사건에서 시행되었다'고 회답하였다. 평균적으로 62%가 '절반 이상의 케이스에서 디스클로져가 시행되었다'고 회답하였다.

대형 중재사건으로 한정하여 본다면, 기본적으로 거의 100% 디스클로져가 시행된다고 봐도 좋을 것이다. 분쟁이 대형화, 복잡화되면 사안의 해명도 매우 어려워진다. 그렇다면 디스클로져가 더욱 필요하게 되는 것이다. 손해액의 분석도 어려워지기 때문에 한층 정밀하게 해야 한다. 실제 계쟁금액이 커진다면 '비용이 아깝기 때문에 디스클로져를 하지 않는다'고 하지 않는다. 대형사건에서는 디스클로져가 시행된다고 보아야 한다.

최근의 디스클로져 때문에 시간과 비용이 들게 된 것도 사실이다. 이 때문에 국제중재가 소송에 비해 저렴하거나 빠르다고 할 수 없다. 다만 이러한 것은 중재를 이용하는 당사자가 디스클로져가 있는 편이 좋다고 판단한 결과이기도

하기 때문에 나쁜 면만을 보는 것은 적절하지 않다.

▇ 디스클로져의 중요성

디스클로져가 사건의 결과에 영향을 미치는 정도에 관해서는 같은 조사에서 분석하고 있다(그림 5-2). 간단하게 말하자면, 59%의 사람이 '적어도 4분의 1의 사건에서 디스클로져의 결과 얻게 된 증거가 중대한 영향을 미쳤다'고 생각하고 있다. 그리고 29%의 사람은 '절반 이상의 사건에서 디스클로져의 결과가 사건의 결과에 중대한 영향을 미쳤다'고 말하고 있기 때문에 디스클로져는 상당한 정도로 중재의 결과를 좌우할 수 있다는 것을 알 수 있다. 따라서 디스클로져가 시행되는 경우에 개시청구의 범위가 부당하게 넓어지면 방어를 생각해야 하지만, 이것을 무기로 활용할 필요도 있다.

그림 5-2 과거 5년간 디스클로져에 의해 취득한 문서가 사건의 결과에 중대한 영향을 미친다고 생각하는 비율

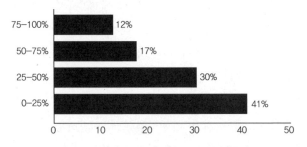

출처: Queen Mary University of London, 2012 International Arbitration Survey:
Current and Preferred Practices in the Arbitral Process

▇ 디스클로져의 근거

도대체 디스클로져에는 어떤 근거가 있는 것인가.

이것은 일본기업이 가진 의문으로, 앞서 설명한 대로 중재는 당사자끼리 합의하는 것이 기본이기 때문에 중재법이나 중재규칙에 상세한 규정이 있는 것은 아니다. 예외로 영국이나 미국의 중재법에는 중재판정부가 당사자에 대하여 필

요한 증거나 문서를 제출하도록 명령할 수 있는 규정이 있다. 또한 주요한 중재 규칙들 중에는 디스클로져에 관하여 규정을 두고 있는 것이 많지만 이것들은 상세한 규정은 아니고, 중재판정부가 당사자에 대하여 증거의 제출을 명령할 수 있거나 문서의 개시를 명령할 수 있다는 간단한 것이다. 요점은 당사자가 합의하면 이것에 따르고, 합의가 없으면 중재판정부가 결정한다는 것이 국제중재의 방식이다. 실무적으로는 앞서 설명한 IBA의 국제중재에서의 증거조사에 관한 규칙을 가이드라인으로 사용하는 것이며, 중재판정부의 재량으로 유연하게 운용해가는 것이 보통이다.

이 국제중재에서의 증거조사에 관한 규칙은 문서개시뿐만 아니라 증거절차일반, 증인신문이나 증거로 인정되는 경우와 인정되지 않는 경우 또는 전문가증인의 진술 등에 관하여 규정하고 있고, 디스클로져에 관해서는 제3조에서 규정하고 있다. 이에 따르면, 미국식의 디스커버리와 같이 모든 문서의 개시를 청구할 수 있는 것은 아니고 어느 정도는 개시를 요구하는 문서를 특정해야 하고, 문서를 특정할 수 없으면 문서의 카테고리, 즉 어떤 문서를 원하는지를 특정하여 청구할 필요가 있다. 또한 전자증거개시, 예컨대 이메일을 원한다거나, 컴퓨터에 들어있는 워드파일, PDF, 엑셀표 등을 청구하는 경우에는 파일명 등 어떤 파일을 원하는지, 그 전자정보를 가진 사람, 이메일로 말하자면 보낸 사람이나 받는 사람 등을 특정해야 한다. 이러한 것을 지정하거나 검색어를 지정하는 등 '효율적이고 경제적으로' 검색할 수 있는 방법을 특정한 후 개시를 청구해야 한다.

디스클로져의 시기

디스클로져를 언제 할 것인가 하는 점에 있어서, 신청인이 상세한 주장을 적은 서면(Statement of Claim)을 제출하고, 이에 대해 상대방이 상세한 주장서면 (Statement of Defense)을 제출한 후 디스클로져에 들어가는 것이 보통이다. 어느 정도 상대방의 주장을 이해한 후 필요한 문서의 개시를 청구하게 된다. 다만 미국의 디스커버리는 상세한 주장 전에 시행하는 경우가 많고, 중재인이 미국인이거나 또는 대리인이 미국 변호사라면, Statement of Claim과 Statement of Defense를 제출하는 사이에 디스클로져가 시행되는 경우도 있다.

디스클로져의 흐름

전형적인 디스클로져의 흐름은 <표 5−1>과 같다.

우선 제1단계로 각 당사자가 문서개시청구를 한다. 보통은 양당사자가 동시에 제출한다. 제2단계로 각 당사자는 상대방으로부터 제출된 개시청구에 대하여 어떻게 대응할 것인가를 결정한다. 대응으로서는 2가지 밖에 없다. 청구된 문서를 개시할 것인가, 개시를 거부할 것인가이다. 개시청구에 대하여 이의를 신청하거나 개시청구를 거부한 경우에는 중재판정부에게 개시해야 하는지 여부의 판단을 구하게 된다. 그리고 최종적으로는 중재판정부가 그 문서를 개시해야 하는지 여부를 판단한다. 전체적으로 2개월 정도 걸리나, 사건에 따라서는 2개월에서 수개월이 걸리는 경우도 있다.

표 5-1 디스클로져의 흐름

1단계
각 당사자가 문서개시청구를 한다.
2단계
각 당사자는 다음 중 하나의 대응을 한다.
·청구된 문서의 전부 또는 일부를 상대방에게 개시(또는 개시하는 것을 합의)
·청구된 문서의 전부 또는 일부의 개시를 거부
3단계
개시해야 하는지 다툼이 있는 문서에 관해서는 중재판정부에게 판단을 구한다.
4단계
중재판정부는 개시해야 하는지 판단한다.

문서개시청구와 Redfern Schedule

각 단계마다 상세하게 검토한다. 우선 1단계의 문서개시청구 때에는 'Redfern Schedule'을 사용하는 것이 일반적이다. 많은 경우, 최초 절차명령에서 디스클로져에 관한 규칙이 정해진다. 예컨대 'IBA의 국제중재에서의 증거조사에 관한 규칙을 사용한다' 등으로 정해진다. 그 중, 이 Redfern Schedule을 사용하여 개시청구를 한다는 것이 정해지는 경우가 다수이다.

Redfern Schedule은 저명한 중재전문변호사인 Alan Redfern이 만든 표이다. 내용으로 4가지의 항목이 있고 가장 좌측에 개시청구의 대상이 되는 문서인지 여부, 문서의 카테고리를 적는다.

그 다음으로 개시청구의 이유(관련성, 필요성)를 간단하게 기재한다. 개시청구의 단계에서는 그 두 가지를 기입하여 상대방에게 제출한다. 상대방에게 이의가 있으면 3번째 칸에 이의의 내용을 간결하게 기재한다. 마지막 4번째의 칸에는 경우에 따라 중재판정부의 판단을 적게 된다.

이것이 실무적으로 자주 사용되는 이유는 20개 내지 30개로 개시청구가 있고, 이에 대하여 이의 등이 나오고 하나하나 서면으로 주고받는다면, 개시청구와 그것에 대응하는 이의를 대비하는 것이 어려워지기 때문이다. 보기 쉬운 표를 작성하여 사용하자는 것이 이 표이다.

문서개시청구에의 대응

다음은 개시청구에 어떻게 대응하는지에 관해서이다.

청구된 문서를 개시하려면 개시할 서류를 사내에서 찾아 정리하여 제출할 필요가 있다. 이렇게 하려면 시간이 걸리기 때문에 개시할 때에는 언제 개시할지, 어떻게 개시할지 등에 관해서 상대방과 협의할 필요가 있다. 그리고 Privilege라든지 기밀정보가 포함된 문서에 관해서는 어느 정도는 편집(마스킹이나 검게 칠하는 등)이 필요하기 때문에 상대방과 협의한 후 제출하는 것이 보통이다.

개시를 거부하는 경우는 상대방의 문서개시청구에 대해서 Redfern Schedule에 이의를 기재하게 된다.

문서개시청구의 거부사유

어떠한 경우에 문서개시청구를 거부할 수 있을까. 이것은 IBA의 국제중재에서의 증거조사에 관한 규칙 제3조 제5항과 제9조 제2항에 적혀 있다(표 5-2).

개시청구의 대상이 되는 문서가 특정되지 않는 경우에 거부할 수 있는 것은 당연하지만, 그 이외에 사건과의 충분한 관련성이 없거나, 사건의 결과에 대한 중요성이 인정되지 않는 경우, 그리고 Privilege가 인정되는 경우 등이 있다. 이에 더하여 3번째로 개시청구에 응하는 것이 불합리한 부담을 지우는 경우도 개시를 거부할 수 있게 된다. 또한 문서가 없어진 경우도 거부할 수 있으며, 영

표 5-2 문서개시청구의 거부사유

IBA 국제중재에서의 증거조사에 관한 규칙 제3조 제5항, 제9조 제2항
- 사건과의 충분한 관련성 또는 사건의 결과에 대한 중요성이 인정되지 않는 경우
- 중재판정부가 적용된다고 판단한 법령 또는 윤리규칙에 의해 Privilege가 인정되는 경우
- 증거제출요구에 응하는 것이 불합리한 부담이 되는 경우
- 문서의 분실이나 훼손이 합리적인 가능성을 가지고 있다고 보이는 경우
- 영업상 또는 기술상의 비밀로 중재판정부가 부득이하다고 인정한 경우
- 정치적으로 특히 민감하고, 중재판정부가 부득이하다고 인정한 경우
- 절차의 경제성, 당사자의 균형, 당사자의 공정·공평성 등으로 인해 중재판정부가 부득이하다고 인정한 경우

업상의 비밀이나 기술상의 비밀, 기업비밀 등으로 중재판정부가 인정한 경우도 거부할 수 있다. 정치적으로 민감한 정보라는 이유는 국가가 중재의 당사자가 되는 경우에 사용된다. 더불어 일반적인 절차의 경제성이나 당사자의 공정·공평성 등으로 인해 중재판정부가 부득이하다고 인정한 경우에는 개시를 거부할 수 있게 된다.

첫 번째의 '중요성'과 '관련성'과 관련하여, 개시를 요구하는 경우 상대방에게 부담을 강요하게 된다. 따라서 기본적으로는 가능한 한 사건의 결과에 의미가 있는 것에 관해서 제출을 요구할 수 있게 되어 있는 것이다. 예컨대 상대방의 주장과 관계없는 문서를 개시하게 하여도, 그것은 사건에 영향을 미치지 않기 때문에, 개시하도록 할 의미가 없다. 또한 이미 증거로 제출되거나, 별도로 개시가 요구되는 증거에 의해 증명할 수 있는 사항에 관해서, 중복하여 문서의 개시를 청구하거나 상대방이 다투지 않는 사실을 입증하기 위한 개시청구도 '중요성'이나 '관련성'이 없다는 이유로 거부할 수 있다.

또한 '불합리한 부담'이라는 거부사유는 절차의 경제성이라는 관점에서 보아 증거로서의 가치는 크지 않음에도 불구하고 상대방에게 부담을 지우는 것은 안 된다는 것이다. 개시를 요구하는 문서의 양이 과다하게 많거나, 이메일 등을 모아 제출하기 위해서 시간과 비용이 과하게 부담되는 경우에 그와 같은 개시청구는 인정되지 않는다.

개시청구에 대한 대응과 개시명령

▦ 문서의 검토

그렇다면 실제로 문서개시청구에 어떻게 대응해야 하는가에 관해서 당연한 이야기지만 변호사와 협력하여 문서를 소지하고 있는 자로부터 문서를 모아 검토해야 한다. 이에는 상당한 시간과 비용이 들게 된다. 보통 이 절차는 e디스커버리업자를 이용한다. e디스커버리업자는 우선 문서를 소지하고 있을 가능성이 있는 종업원의 컴퓨터 하드디스크를 통째로 복사한다. 그리고 그 하드디스크에 담긴 문서를 업자의 데이터베이스에 넣는다. 또는 키워드서치를 하여 관련된 문서를 골라내어 데이터베이스에 넣는다. 그리고 그 데이터베이스에 들어 있는 문서를 1개씩 검토하게 된다. 현재로는 당연히 검토하는 문서의 대부분을 이메일이 차지하고 있다.

Column '학습하는 소프트웨어(Predictive Coding)'로 디스클로져 비용을 싸게 한다.

대규모 중재사건에서는 막대한 양의 이메일이나 기타 문서를 수집, 검토하는 것을 피할 수 없다. 이 부담을 가볍게 하는 방법의 한 가지가 컴퓨터를 활용한 문서의 검토, 그 중에서도 'Predictive Coding'이라고 불리는 소프트웨어를 사용하는 방법이다.

Predictive Coding을 이용하는 경우, 우선 회사가 모은 전체 문서를 데이터베이스에 넣는다. 그 후 일부의 문서를 샘플로 이용하여 변호사가 검토를 하고, 누가 사건과 관련되어 있는지, 소프트웨어에 가르친다. 이를 통해 소프트웨어는 어떤 문서가 사건과 관련되었다고 변호사가 판단하는지 '학습'하는 것이다. 이 '학습'에 기초하여 소프트웨어는 일정한 알고리즘(처리절차)을 구축하여 데이터베이스에 있는 나머지 문서에 그 알고리즘을 적용하여 무관한 문서를 배제하고 기타 문서에 관해서는 사건과 어느 정도 관계되어 있는지 점수를 부여한다.

변호사가 충분한 양의 샘플을 검토하여 소프트웨어를 잘 '교육'할 수 있다면, Predictive Coding의 결과는 상당히 정확해진다. 물론 소프트웨어가 '사건과 관련이 있다'고 평가한 문서에 관해서는 변호사에 의한 검토가 필요하지만, 검토의 대상이 되는 문서를 상당히 줄일 수 있다.

이 소프트웨어는 소송에서의 디스커버리에 대응하기 위하여 미국에서 사용되기 시작하였다. 이미 미국의 몇몇 법원에서는 변호사가 충분한 양의 샘플을 검토하는 등의 조건 하에 이 이용을 인정하였다. 국제중재에서도 Predictive Coding은 사용되기 시작하였고 이후 이용의 가부나 이용할 때의 요건 등이 검토될 것이라 생각된다.

■ 중재판정부에 의한 판정

문서개시청구에 대하여 상대방이 개시를 거부한 경우에는 Redfern Schedule을 중재판정부에 제출하고, 중재판정부에 판정을 구하게 된다. 기본적으로 Phase 2까지는 모든 당사자끼리 의견을 주고 받으며, 중재판정부가 디스클로져의 절차에 관여하는 것은 이 단계부터이다. 중재판정부는 이 시점에서 디스클로져에 관해서 어떻게 의견이 오고 갔는지를 Redfern Schedule을 보고 파악한다. 다만 Redfern Schedule에는 증거의 관련성이나 이의의 내용 등은 간결하게 적어둘 뿐이다. 중재판정부가 이것만으로는 판단할 수 없는 경우도 있다. 그래서 중재판정부가 질문을 하거나, 주장의 보충을 요구하는 경우도 있다.

그리고 문서에 적혀 있는 기업비밀에 관해서 비실명처리[1]해서 제출할지 등에 관해서 다툼이 있는 경우에는 비실명처리하기 전의 것을 중재판정부에 제출하고, 중재판정부의 판단을 받는 절차도 있다. 이것을 인카메라(In-Camera) 절차라고 부르며, 일본의 민사소송법에도 동일한 절차가 있다.

최종적으로 중재판정부가 다툼이 있는 문서에 관해서 개시해야 하는지를

---

1) 검게 칠하는 등

판단하게 된다. 중재판정부는 Redfern Schedule의 마지막 칸에 그 판단을 기재하거나 경우에 따라서는 절차명령을 내려 개시를 명령하는 경우도 있다. 실제로 중재판정부까지 가는 것은 20~30건의 개시청구 중 3, 4건 정도이다. 기본적으로는 당사자 간에 대화로 해결하고 이 단계에서 가능한 한 중재판정부를 번거롭게 하지 않는 것이 보통이다.

<표 5-3>은 Redfern Schedule의 예이다(내용은 제3절에서 설명하는 사례에 기초하고 있다).

표 5-3 Redfern Schedule의 예

개시청구	개시청구의 이유	이의	중재판정부의 판정
일본기업이 JV에 파견한 임직원에 대한 파견 전 5년간의 근무평가 일체	신청인은 상대방이 JV파트너에 대한 충실의무에 위반하여 부적절한 임직원을 JV에 파견하였다고 주장하고 있다. 이들의 근무평가는 이 신청인의 주장이 인정되는지 여부와 관련이 있다. 본건문서는 상대방의 내부문서이기 때문에 상대방이 소지, 관리 또는 지배하고 있다.	1. JV에 파견한 임직원의 상대방에게 있어서 파견 전의 근무평가는 당해 임직원의 JV에 있어서 근무능력과는 관계가 없기 때문에 본건 개시청구는 관련성 또는 중요성이 없다. 2. 본건 개시청구는 5년의 근무평가의 제출을 요구하는 것이기 때문에 상대방에게 불합리한 부담을 부과하는 것이다.	당해 임직원의 파견 전의 근무평가는 JV에 있어 근무수행능력의 적절성과 관련이 있기 때문에 이들 문서는 관련성이 인정된다. 다만 본건개시청구는 5년간의 근무평가의 제출을 요구하는 것이며, 상대방에게 불합리한 부담을 부과하는 것이다. 따라서 상대방은 2년간의 근무평가를 신청인에게 개시해야 한다.

중재판정부에 의한 불이익의 추인(推認)

그렇다면 중재판정부의 문서개시명령에 따르지 않는다면 어떻게 되는가. IBA의 국제중재에서의 증거조사에 관한 규칙에서는 이와 같은 경우 '그 문서의 내용은 제출하지 않은 당사자에게 있어 불이익이 따르는 것으로 추인할 수 있다'고 적혀있다. '할 수 있다'는 것이지, '반드시 해야 한다'는 것은 아니다. 그러나 불이익의 추인을 당할 가능성이 있기에 개시명령의 실효성이 담보된다. 실제로 불이익의 추인을 받을지 여부와 상관없이, 당사자로서는 개시명령이 내려지면 따를 수밖에 없다.

실제로 불이익의 추인을 당하는지를 살펴보면 중재판정에서 '불이익의 추인'을 한다고 쓰는 경우는 별로 없다. 다만 실제문제로서 불이익의 추인을 당할

리스크가 있고, 중재판정에서 '불이익이 따르는 것으로 추인한다'고 쓰지 않더라
도 중재판정부의 심증을 악화시킬 리스크도 있다. 따라서 개시명령이 내려진다
면 따르는 것이 보통이다.

■ 개시된 문서의 비밀유지의무

다음으로 디스클로져에 의해 개시된 문서의 비밀유지의무에 관해서 설명
한다.

국제중재에서 디스클로져에 의해 개시된 문서에 대한 비밀유지의무에 관해서
는 중재지의 법령에 따르게 된다. 몇 가지 예를 들면, 홍콩, 영국, 싱가포르 등의
중재법은 중재절차에 관한 비밀유지의무를 부과하고 있다. 한편, 스웨덴이나 오스
트레일리아의 중재법은 비밀유지의무를 부과하고 있지 않다. 이러한 경우에는 다
른 수단, 예컨대 비밀유지의무계약에 의해 비밀유지의무를 부과할 필요가 있다.

또한 법령으로 부과되는 비밀유지의무보다도 강한 비밀유지의무를 부과하
고 싶은 경우도 있다. 예컨대 특별히 중요한 영업비밀의 개시를 요구받은 경우
가 있을 수도 있다. 그와 같은 경우에는 역시 비밀유지의무계약을 체결해두는
것이 필요하다. 비밀유지의무계약을 체결하고 싶은 경우는 중재의 초기 단계에
서 교섭하여 합의하는 것이 중요하다.

국제중재에 있어 기밀정보를 보호하는 수단으로서 'attorney eye's only
disclosure'라는 수단이 사용되는 경우도 있다 이것은 특별히 중요한 영업비밀
등을 개시하는 경우 상대방의 대리인에게만 개시하고, 상대방인 회사 자체에는
개시시키지 않는 것이다. 이 수단은 문서의 비공개성을 보호하는 수단으로서 국
제중재에서는 자주 사용된다.

또 한 가지의 기밀정보의 보호수단으로서는 문서의 'Redaction'(편집, 검게
칠하기, 비실명처리)이 있다.

이것은 문서에 기재되어 있는 기밀정보 등 상대방에게 개시할 필요가 없는
정보를 검은 펜으로 칠해 감추는 것이다. 이를 통해 상대방에게는 사건과 관련
된 정보만을 개시할 수 있다. 예컨대 이사회 의사록에는 사건에 관련 없는 사항
의 논의나 의결 등이 기재되어 있는 경우가 많기 때문에, 관련이 있는 결의 이
외는 비실명처리하여 개시한다. 이것도 국제중재에서는 자주 사용된다.

비용과 시간의 절약 방법

디스클로져는 시간과 비용이 드는 절차지만, 이것을 절약할 수 있는 몇 가지 방법이 있다.

한 가지는 중재인을 선정할 때 선정하려고 하는 중재인이 광범위한 디스클로져를 인정하는 경향이 있는지 여부를 잘 파악하는 것이다. 만약 한정적인 디스클로져가 바람직하다면 디스클로져에 관해서 그와 같은 접근을 하는 중재인을 선택해야 한다. 이와 같은 정보는 국제중재의 경험이 풍부한 법률사무소에 노하우로 축적되어 있다.

또 한 가지는 실무적으로 중요한 점으로 의장중재인이 디스클로져 절차에 관한 판단을 단독으로 할 수 있게 해 두는 것이다. 이렇게 해두면, 의장중재인이 다른 중재인의 관여 없이 신속하게 판단할 수 있기 때문이다.

또한 국제중재에서는 개시하는 문서가 중재에서 사용되는 언어 이외의 언어로 적혀 있어, 번역이 필요한 경우가 자주 있다. 시간과 비용을 아끼기 위해서는 번역이 필요한 범위를 관련 있는 부분에만 한정하거나, 정식 번역증명이 필요하지 않는 것으로 당사자 간에 합의함으로써 번역에 드는 비용을 절약할 수 있다.

Privilege

여기서는 Privilege에 관해서 매우 간단하게 설명한다. 원래 Privilege란 매우 간단하게 말하자면 '제출하라고 요구된 문서의 제출을 거부할 수 있는 권리'이다. 국제중재의 경우, 준거법의 문제 등 매우 복잡한 논의가 있지만, 간단하게 말하자면 디스커버리, 디스클로져가 인정된다면 Privilege도 인정된다고 생각하여도 좋다. 원래 디스클로져가 없다면 Privilege도 필요 없다. 따라서 일본에는 Privilege라는 개념은 존재하지 않는다. 일본에는 Privilege가 없다고 말하면 유럽 또는 미국의 변호사는 놀라지만 '그것은 디스클로져가 없기 때문이다'라고 설명하면 대체로 납득한다. 디스클로져와 Privilege는 세트라고 생각하여도 좋다. 또한 방금 설명한 대로 Privilege의 준거법 문제는 어려운 문제이지만 이 커뮤니케이션이 Privilege로 보호되는 것에 대한 당사자의 '합리적인 기대'를 기준으로 어느 법령이 적용되는가 생각해보는 것이 안전한 사고방식 중 하나이다.

Privilege에도 여러 가지 종류가 있다. 그 중에서도 가장 중요하고 반드시 인정된다고 보아도 좋은 것이 'Attorney – Client Privilege'이다. '변호사 – 의뢰인 특권', 'Legal Profession Privilege'라고도 한다. 이것은 '외부 변호사와의 커뮤니케이션'이라고 이해해주길 바란다. 고객(클라이언트)과 외부의 변호사 사이의 법적 조언에 관한 커뮤니케이션에 대해서는 Privilege가 인정된다는 것이다. 생각해보면 당연한 것으로, 앞으로 다투려고 할 때 전문가에게 다투는 방법의 조언을 얻었는데, 그 내용이 상대방에게 전달되면 의미가 없다. 그렇다면 사내변호사와의 커뮤니케이션은 어떠할까. 이것은 어느 준거법에 의하는지에 따라 다르다. 예컨대, 미국의 경우는 사내변호사의 경우도 괜찮지만, 프랑스에서는 인정되지 않는 경우가 있다. 따라서 기본적으로 중요한 커뮤니케이션은 외부의 변호사와 하는 것이 안전하다.

그리고 외부 변호사와의 커뮤니케이션에 관해서 주의해야 할 포인트가 있다. 우선, 문서에 'Privileged and Confidential'이라는 문언을 붙이길 바란다. 붙인다면 Privilege가 되고, 붙이지 않는다고 Privilege가 되지 않는 것은 아니지만, 개시청구에 대응함에 있어 Privilege의 문서를 찾을 때 이것이 붙어 있으면 검색하기 쉬워지고, 또한 당사자의 의사로서 이것은 Privilege로 Confidential한 것으로 의도하고 있다는 것을 입증하는 것에도 도움이 된다. 또한 모두에 대한 주의환기라는 뜻도 있기 때문에 'Privileged and Confidential'이라는 문언은 반드시 붙이길 바란다.

그리고 이 'Attorney – Client Privilege'는 외부 변호사와의 커뮤니케이션이지만, 이것도 엄밀하게 말하자면 외부 변호사와 함께 있다고 하더라도 사내의 사람은 누구라도 보호받는 것은 아니다. 예컨대, 미국 판례법 중에는 어느 정도 한정되어 있고, 외부 변호사의 조언을 구하고, 사내의 의사결정에 관여하는 자여야 한다는 표현이 있다. 법무부문이라면 법무부서의 관리직 레벨이거나 또는 사건의 담당자라면 문제없다. 그러나 예컨대 그 사건에 관련하여, 영업직의 사람만이 변호사와 커뮤니케이션을 한 것과 같은 경우에 그것이 Privilege에 들어가는지에 대해서는, 물음표가 붙는다. 따라서 적어도 중요한 커뮤니케이션에 관해서는 상대방을 어느 정도 몰아붙여보는 것도 좋다.

마지막으로 Privilege는 자신의 권리이기 때문에 포기할 수 있다. 따라서 원래대로라면 Privilege로 보호될 문서이지만, 자신에게 유리하기 때문에 증거로 제출하는 경우는 있을 수 있을 것이다. 다만 조심해야 할 것은 일단 Privilege가 있는 문서를 제출하면 그것에 관련한 문서에 관해서도 Privilege를 포기한 것으로 간주되기 때문에, 제출함으로써 얻는 이익과 Privilege를 포기함으로써 얻는 불이익을 충분히 검토할 필요가 있다.

사례를 통해 알아보는 디스클로져

▥ 일본과 멕시코의 조인트벤쳐

지금부터는 사례에 기초하여 디스클로져의 구체적인 절차나 내용에 대해 설명한다. 사례는 조인트벤처(JV)계약에 관한 분쟁이다(그림 5-2). 일본 기업과 멕시코 기업이 JV계약을 체결하고 JV를 만들었다. JV는 자동차의 부품을 만들어 여러 남미 국가들의 자동차 제작사 등에게 판매하고 있다. JV계약의 준거법은 뉴욕 주법이다. 중재합의가 있으며, 중재는 ICC에서 하는 것으로 되어 있다. 멕시코 기업은 멕시코에 있는 JV의 공장이 부품을 제조하는 것을 주도하는 역할을 한다. 일본 기업은 JV의 공장에 일정한 하이테크 부품 등을 원가에 공급할 의무

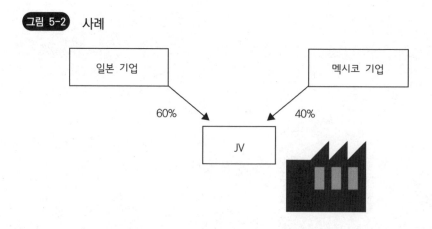

그림 5-2 사례

일본 기업   멕시코 기업

60%   40%

JV

를 진다. 일본 기업과 멕시코 기업은 JV에서 만든 부품을 일정한 범위에서 구입할 권리가 있다. 출자비율은 일본 기업이 60%로 과반수를 차지하고 있고, 멕시코 기업은 40%로 마이너리티가 되어 있다.

JV계약이 시작되었을 무렵에는 순조로웠지만, 그 후 멕시코 기업 측으로부터 클레임이 발생하였다. 일본 기업이 부품을 원가에 제공하지 않고 이익을 남기고 있다는 것이 한 가지 이유였다. 그리고 두 번째는 일본 기업이 JV의 60%, 과반수를 가지고 있는 입장을 이용하여 JV가 제조한 제품을 시장가격보다 낮은 가격으로 구입하고 있기 때문에 JV에게 손해가 발생하고 있다는 것이었다. 세 번째로 일본 기업은 JV 파트너에 대한 충실의무를 위반하고 있다는 것이다. 무엇이 충실의무위반인가 하면, 보다 높은 품질의 부품을 그 일본기업이 운영하고 있는 인도네시아의 JV에 공급하고 있다는 것이다. 그리고 또 한 가지로 질이 낮은 임원이나 직원을 JV에 파견하였다는 점이다. 이는 뉴욕주법에 근거한 청구가 된다. 양당사자 간에 교섭은 있었지만, 해결되지 않아, 멕시코 기업이 일본 기업을 상대로 ICC에 중재를 신청하였다.

▦ 디스클로져의 요구

중재에서 멕시코 기업은 일본 기업에 대하여 다음 문서의 개시를 요구해 왔다(표 5-4).

우선 일본 기업에게 JV에 공급한 부품의 원가를 보여주는 사내 재무모델링

표 5-4 문서개시청구

멕시코 기업은 중재에서 이하 문서의 개시를 청구
· 일본 기업이 JV에 공급한 부품의 원가를 보여주는 사내 재무모델링에 관한 일체의 자료
· JV에 공급한 부품의 가격설정에 관하여 일본 기업이 받은 조언 전부(경영컨설턴트에 의한 검토 내용을 포함)
· JV의 부품구입을 담당하고 있는 부서와 JV에 파견된 임직원과의 사이에 주고받은 이메일 전부
· 일본 기업이 JV에 파견한 임직원에 관한 파견 전 5년간의 근무평가 전부
· 인도네시아 JV와 멕시코 JV에서의 일본 기업의 이익폭, 투자이익율을 비교한 일체의 자료
· 2002년 1월부터 10월까지 일본 기업의 이사회 회의록(2002년 11월 1일 체결한 멕시코 JV에의 투자와 관련하여 검토한 것에 한하며, 당해 의안에 관하여 이사회에 제출된 일체의 발표자료(사내/사외를 불문)를 포함) 전부

에 관한 자료 일체의 개시가 요구되었다. 원가가 문제되고 있었기 때문에 원가의 계산근거 자료를 청구하였다. 두 번째로, 일본 기업이 JV에 제공하는 부품의 가격설정에 관하여 경영 컨설턴트나 회계사로부터 조언을 받고 있는다면, 그것을 모두 개시하라는 것이다. 세 번째로 일본 기업에서 JV의 부품구입을 담당하고 있는 부서, 그리고 일본 기업이 JV에 파견한 임직원과 주고받은 이메일 전부를 제출할 것을 요구하였다. 네 번째로는 JV에 파견한 임직원의 파견 전 5년간의 근무평가 전부를 제출하라고 한다. 다섯 번째는 인도네시아 JV와 멕시코 JV의 투자이익률이나 어느 쪽이 더 이익이 되는지에 관한 자료를 제출하라는 것이다. 그리고 마지막으로, 일본 기업의 이사회 회의록을 제출하라는 것이다. 이러한 서류를 중재에서 개시해야 하는지, 거부할 수 있는지를 검토한다.

▒ 재무자료

우선 멕시코 기업이 개시를 청구한 첫 번째의 문서는 '일본 기업이 JV에 공급한 부품의 원가를 나타내는 사내의 재무모델링에 관한 일체의 자료'이다. 원가가 주요한 쟁점이기 때문에 관련성·중요성은 있다고 볼 수 있을 것이다. 다만 원가 산정 방식 등의 재무 모델링에 관해서 기업비밀을 이유로 거부할 수는 없을까. 보통은 기업비밀이 거부의 사유가 되지 못한다. 사건의 주요한 쟁점과 충분히 관련된 경우에는 기업비밀이라고 해서 거부하는 것은 어려운 것이 현실이다. 그런 경우에 어떻게 할 것인지에 대하여 말하자면, 예컨대 상대방과 비밀유지의무 계약을 체결하거나, 개시를 상대방의 외부대리인에게 한정하기도 한다. 다만 설명한 예는 개시청구가 '일체의 자료'에 해당하는 것으로, 상당히 넓기 때문에 '불합리한 부담'이라고 할 수 있지는 않은가라는 것도 생각할 수 있다. JV의 기간도, 예컨대 10년 JV를 하고 있는 경우에 그 10년분을 다 제출하는 것은 불합리한 부담이라고 생각된다. 따라서 기간을 1년으로 한정해야 한다고 주장할 수 있을 것이다. 제출하는 문서라 하더라도 원가 자체가 문제가 되고 있기 때문에 원가가 적힌 것을 제출한다면 그 이상 요구받지 않는 경우도 있을 수 있다.

▨ 조언 내용

개시청구의 두 번째는 'JV에 공급한 부품의 가격설정에 관하여 일본 기업이 받은 조언의 전부(경영컨설턴트에 의한 검토내용을 포함)'라는 것이다. 이에 관해서는 원래 '조언'이 사건에 관계가 있는지 의문이다. 조언을 얻어도 그것에 따르지 않으면 별로 관계없다. 따라서 이것은 개시하여도 사건의 해결에는 도움이 되지 않아, '관련성이 없다'는 것이 된다. 조언에 의해 어떻게 가격을 설정하였는가가 문제이기 때문에 관계없다고 말할 수 있을 것이다.

다만 일본 기업 측에서 경영컨설턴트의 조언에 기초하여 가격 설정하였다고 주장한다면 관련성이 있게 된다. 따라서 주장할 때에는 항상 문서개시가 청구될 가능성을 고려해둘 필요가 있다.

▨ 이메일

개시청구의 세 번째는 'JV 부품의 구입을 담당하는 부서와 JV에 파견된 임직원과의 사이에 주고받은 이메일 전부'이다. 앞서 설명한대로, '이메일 전부'라는 것은 '불합리한 부담'이며, 문서의 특정도 할 수 없는 정도이다. JV가 몇 년간 유지되고 있다면, 메일량도 방대할 것이며, 일본 기업이 파견한 담당자가 교체되었을 수도 있다. 그럼에도 불구하고 메일을 특정하지 않으면 무리한 것이 된다. 예컨대, 일본 기업이 JV에 파견한 임원에 대하여 가격을 낮추려고 하는 이메일을 주고받을 가능성이 있는 일정 기간, 예컨대 '2005년 1월부터 2005년 12월까지'라는 식으로 기간을 한정 한 다음, 그 당시 담당자와 주고받은 메일로 그 제품명으로 검색하는 것 등으로 특정하지 않으면 인정되지 않게 된다.

▨ 근무평가

개시청구의 네 번째는 '일본 기업이 JV에 파견한 임직원에 관한 파견 전 5년간의 근무평가 전부'이다. 이것은 관련성 측면에서 문제가 있다. 파견 전 근무평가는 관계가 없고 JV에 가고난 후 제대로 근무하고 있다면 문제될 것이 없다고 볼 수 있다. 다만 원래 일본에서 평가가 낮은 사람만을 보낸 것이라면 문제가 있다고 판단되기 때문에, 관련성이 인정될 가능성이 높을 것이다. 다만 그 파견 전 5년을 소급하여 전부 필요한 것인가 하면, 아무리 사정이 있더라도 5년 전의 것은 관계없을 것이다. 더 한정하여, 예컨대 2년 전까지의 것에 한정한다면 인정될 가능성이 높을 것이다. 이러한 문서개시청구가 있는 경우, 일본 기업으로서는 우선 2년분을 개시하고 그 이전의 것은 거부하는 것도 한 가지 방법이다. 그렇게 함으로써 2년분을 제출한다면 상대방도 5년분까지는 요구하지 않을 가능성도 있고, 만약 다툼이 있어 중재판정부에 가더라도, 중재판정부도 2년분이 제출되어 있기 때문에 충분한 것으로 보아 끝내는 것이 일반적이다.

▒ 다른 JV와의 비교자료

다음으로 '인도네시아 JV와 멕시코 JV에서 일본 기업의 이익폭, 투자이익율을 비교한 일체의 자료'의 개시청구이다. 이 문서의 관련성은 어떨까. 우선 일본 기업으로서는 본래 다른 JV와 멕시코의 JV를 평등하게 취급할 의무는 없기 때문에 이러한 문서는 사건과 관계없다고 주장하는 것도 생각해 볼 수 있다. 그러나 중재판정부는 실제로 디스클로져의 단계에서 실체적인 권리의무관계에 관해서 판단하는 것을 싫어한다. 즉 이 단계에서는 아직 히어링도 증거조사도 하지 않는다. 그 단계에서 이와 같은 의무는 일본 기업에 없으며, 이 때문에 개시청구의 대상문서도 사건과 관계없다고 말하는 것에는 중재판정부로서는 저항이 따를 수 있다. 따라서 이와 같은 경우 중재판정부로서는 상세한 자료까지는 제출하지 않아도 좋지만, 무엇인가 적혀 있는 것이 있다면 제출해달라는 식으로 한정하여 제출을 요구하는 것이 일반적이다.

▒ 이사회 회의록

마지막 문서개시청구는 '2002년 1월부터 10월까지 일본 기업의 이사회 회의록(2002년 11월 1일에 체결된 멕시코 JV로의 투자에 관하여 검토한 것에 한정하며, 당해 의안에 관하여 이사회에 제출된 일체의 발표자료(사내/사외를 불문)를 포함)의 전부'이다. 이것은 기간도 2002년 1월부터 10월까지로 한정되어 있고, 그 내용도 이번 멕시코 JV로의 투자에 관하여 검토한 것에 한정하고 있는 것이기 때문에, 이 정도라면 인정될 가능성이 높다고 생각된다. 이사회 회의록에는 당연히 여러 가지 내용이 기재되어 있다고 보아, 필요한 부분 이외에는 전부 마스킹을 하여 제출하는 것이 보통이다.

일본 측으로부터의 개시청구

이 사례에서는 멕시코 기업의 청구를 해설하였지만, 일본 기업도 문서개시청구를 하였다. 예컨대, 일본 기업은 그 JV에 임원이나 직원을 파견하였기 때문에 그 가운데에 상대방인 멕시코 기업과의 의사소통이 있었을 것이다. JV의 제품을 일본 기업에게 판매하는 가격을 멕시코 측도 알고 있었다는 사정이 있는 경우, 증거가 되는 메일을 송신자, 수신자와 기간을 한정하여 개시를 청구하는 것도 가능하다. 일반적으로 포괄적인 개시청구는 인정되기 어려운 것이지만, 이만큼으로 한정한다면 인정될 가능성이 높아진다.

국제중재 Q&A

Question 상대방의 변호사에게 한정한 개시

기밀정보가 포함되어 있는 문서를 상대방의 변호사에게 한정하여(즉, 그 의뢰인에게는 개시하지 않는 것을 전제로) 개시하는 것은 문제없는 것인가? 상대방의 이익을 위하여 의뢰를 받은 변호사가 정말로 개시한 비밀을 지켜줄 것인가?

Answer

이것은 상대의 변호사의 성격(자격국, 소속법률사무소 등)에 따라 달라지기 때문에 일률적으로는 논할 수 없다. 신뢰하여도 좋은 경우도 있지만 그러하지 않은 경우도 있다. 따라서 개시하는 경우에는 이러한 점을 신중하게 검토한 후 필요하다면 엄격한 비밀유지의무계약의 체결을 요구하는 등의 수단을 취할 필요가 있다.

Question Privilege의 포기

Privilege로 보호되는 문서를 잘못하여 상대방에게 개시해버린 경우에도 Privilege를 포기한 것으로 간주되는 것인가?

Answer

문서개시를 하고 있는 때에 상대방에게 이메일의 첨부파일을 실수로 잘못 보내버린 것과 같은 경우가 일어날 수 있다. 이렇게 잘못하여 문서를 상대방에게 개시한 경우에도 빠르게 상대방에게 그 취지를 전하여 파기나 반송을 요구하는 등의 적절한 조치를 취하다면, privilege를 포기하는 것으로 간주되지 않는 것이 실무의 대세이다. 경우에 따라서는 절차명령 중에, '의도적이지 않은 개시는 privilege를 포기하는 것으로 간주되지 않는다'라고 정해진 경우도 있다.

제 6 장

히어링부터 중재판정의 승인·집행까지

히어링

히어링의 개요

앞장에서 디스클로져의 절차까지 설명하였으므로, 본 장에서는 그 후의 히어링(구두신문)과 중재판정에 관해서 설명한다.

히어링에서는 처음에 각 당사자가 모두진술(Opening Statement)을 한다. 그후 사실증인의 신문, 전문가증인의 신문이 있고 마지막으로 최종변론(Closing Statement)을 진행한다.

모두진술부터 최종진술까지 걸리는 일수는 사건의 복잡성이나 증인의 수에 따라 다르지만, 대체적으로 1주 미만에서 대규모인 사건에서 3주 정도까지도 소요된다. 일정은 그 기간 중에 연속하여 이루어지는 것이 보통이다.

모두진술에서는 자신들의 주장을 발표한다. 중재인은 히어링 전에 당사자가 제출한 주장서면이나 증거를 읽어보는데, 대규모인 사건이라면 파일로 20권, 30권에 달하는 경우도 드물지 않다. 이 때문에 증인신문에 들어가기 전에 자신들의 주장을 알기 쉽게 중재인에게 설명할 필요가 있다. 발표이기 때문에 파워포인트를 사용하는 변호사도 있지만 사용할지 여부는 자유이다. 모두진술은 대부분 한나절에서 큰 사건이어도 하루 정도면 끝난다.

제4장에서 설명한 대로, 증인신문에서는 원칙으로 주신문은 하지 않는다. 하게 되어도 단시간, 예컨대 5분이나 10분 정도이다. 진술서를 제출하기 때문에 주신문은 필요하지 않다고 보는 것이다. 신문에서는 Court Reporter(법정속기자)

가 질문과 증언내용을 그 자리에서 타이핑하고, 중재인이나 대리인은 컴퓨터의 모니터로 볼 수 있다. 그리고 그날 밤에는 대리인 측으로 증인신문조서와 같은 것이 이메일로 전송된다. 이러한 점은 일본의 법원과는 전혀 다르다.

사실증인 신문은 1명씩 이루어지는 것이 보통이다. 전문가증인의 경우도 우선 신청인 측의 전문가증인을 신문하고, 그 후 상대방의 전문가증인을 신문하는 것이 보통이지만, 최근에는 'Hot Tub'이라는 신문방법도 많아졌다. 이는 양쪽의 전문가증인을 동시에 신문하는 것이다. 2명의 증인을 동시에 증인석에서 신문하기 때문에, 의견의 차이를 확실하게 알 수 있다.

최종변론은 하는 경우와 하지 않는 경우가 있다. 하지 않는다면 Post-hearing Brief라는 정리된 서면을 제출하는 경우도 있다. 물론 구두로 최종변론을 하고, Post-hearing Brief를 제출하는 경우도 있다. 최종변론의 시기는 증인신문의 다음날이거나 하루 공백을 두는 경우도 있으며 1개월 후에 최종변론의 기일을 마련하는 경우도 있다.

일본의 소송에서는 증인신문에 들어가기 전이나 증인신문이 종료된 후에 판사가 화해를 권하는 경우도 있지만, 국제중재의 경우에는 이러한 것은 없다. 사고방식의 차이이지만 판정을 하는 중재인이 화해를 권하는 것은 공정하지 않은 것으로 여겨진다. 물론 양 당사자끼리 화해교섭을 하는 것은 가능하기 때문에 히어링이 끝난 단계에서 당사자가 화해하는 경우도 있다.

▨ 실제 히어링의 모습

여기서 실제 히어링의 모습을 사진으로 보도록 하자. 첫 번째(사진 6-1)는 네덜란드의 헤이그에 있는 '평화궁'에서 이루어진 히어링의 모습이다. 이 히어링은 투자협정중재에서 이루어진 것이다. 좌측에 보이는 것이 대리인인 변호사이다. 사진 중앙 의자의 안쪽에 3인의 중재인이 보인다. 중앙의 의자가 증인의 자리이고, 이곳에 앉아 상대방으로부터 반대신문을 받는다. 의자의 옆에는 프로젝터가 보인다. 이 프로젝터로 변론 등의 발표 슬라이드를 비춘다. 대리인의 책상위에는 노트북 컴퓨터가 있는 것을 볼 수 있다. 증인이나 대리인이 말함과 동시에 Court Reporter가 연달아 타이핑을 한다. 이 타이핑된 것이 대리인의 앞에 놓인 노트북 컴퓨터에 표시되는 것이다.

사진 6-1 히어링의 모습 ①

사진 6-2 히어링의 모습 ②

출처: Livestream

또 하나의 사진(사진 6-2)을 보도록 하자. 이것도 투자협정중재의 히어링이며, 이번에는 워싱턴 DC에 있는 ICSID 히어링센터의 방이다. 이 사진의 우측에 대리인인 변호사가 보인다. 이 사진에는 증인이 한 가운데 앉아 있는 것이 보인다. 이 증인의 좌측에 서류파일이 보이며 이것은 반대신문을 할 때에 대리인이 증인에게 보여주는 서류이다. 반대신문은 상당한 부분을 서류에 기초하여 신문하기 때문에 증인에게 보여주는 서류도 이와 같이 양이 많다. 증인의 눈앞에 스크린이 있으며 증인에게 보여주는 서류는 이 스크린에도 보인다. 우측의 안쪽에는 서류파일이 선반에 나란히 놓여있는 것이 보인다. 이것은 당사자로부터 제출된 주장서면이나 증거 등 사건의 기록이다. 국제중재사건에서 이 정도의 양은 통상적이다.

이 서류 바로 앞에 있는 사람이 Arbitral Secretary(중재판정부 보조자)이다. Arbitral Secretary는 많은 경우 의장중재인에 의해 선정되며 문서의 관리, 리서치, 사건의 진행관리 등을 보조하고, 중재인의 법률사무소 Junior Associate가 되는 경우가 많다.

■ 히어링의 준비

히어링은 기본적으로는 변호사가 준비한다. 일본 기업의 경우, 주의해야 하는 것은 통역이다. 일본인의 경우, 어느 정도 영어로 이야기할 수 있어도 증언할 때에는 통역을 붙이는 편이 좋은 경우가 있다. 통역이 붙으면 반대신문을 할 때에 통역되는 사이에 생각할 시간이 있다. 통역은 각 당사자가 데리고 간다. 상대방도 데리고 와서, 증인 측의 통역이 정확하게 되고 있는지를 체크한다. 통역을 데리고 가는 경우, 신문의 준비에 통역도 입회시키는 편이 좋다.

증인신문에 익숙하지 않은 사람이나 매우 중요한 증인신문의 경우는 모의 증인신문이라고 하는 실제 히어링과 같은 연습을 하는 경우도 있다.

히어링의 준비로는 증인이 자신이 쓴 진술서(Written Statement)를 잘 읽어두는 것이 중요하다. 즉, 진술서는 히어링 상당히 이전에 쓰는 것이고, 2~3통 제출하는 경우도 있다. 반대신문에서는 그 진술서에 기초하여 질문이 이루어진다. 자신의 진술서이지만 내용을 잘 알지 못하고 잊어버리게 된다면 곤란하다. 따라서 자신의 진술서는 확실히 읽어두기를 바란다.

중재판정

중재판정의 종류

중재판정은 재판의 판결에 해당한다.

중재판정에는 몇 가지 종류가 있다. 우선 종국판정(Final Award)이다. 사건의 전체 쟁점에 관하여 종국적인 판정을 중재판정부가 한다. 중재는 항소가 없기 때문에 이것이 최종판정이 된다.

그리고 중간판정이나 일부판정(Partial Award)이라는 것이 있다. 알기 쉽게 말하면, 관할이나 준거법에 관한 판정이다. 중재판정부에 그 분쟁을 판단할 관할이 있는지에 관한 다툼이 있는 때에는, 먼저 관할의 문제를 정리할 필요가 있다. 이와 같은 경우에는 관할에 관해 우선 판단한다. 또는 준거법의 문제, 즉 이 계약을 어떤 법으로 해석할 것인가라는 점에 다툼이 있는 경우, 그것을 해결하지 않는다면 의미 있는 논의도 불가능하기 때문에 준거법에 관하여 우선 판단하는 경우도 있다. 이러한 판정을 Partial Award라고 한다.

이에 더하여 당사자의 요구에 기초한다거나 또는 중재판정부의 판단에 의해 청구의 일부에 관해서 먼저 판단하는 경우가 있다. 예컨대 '계약위반이 있어 손해를 입었다'라는 것으로 채무불이행에 기초한 손해배상청구를 하였다고 하자. 이에 대하여 상대방이 '계약위반은 없다'또는 '위반은 있었지만, 정당한 이유가 있고 채무불이행이라고는 할 수 없다'고 다투는 경우, 책임의 유무에 관해 먼저 판단을 받는 것이다. 사안이 복잡하다거나 청구액이 커서 그 손해의 입증에 시간과 비용이 드는 경우가 있다. 회계사나 경제학자 등의 전문가를 불러 정밀한 분석을 의뢰하고, 증인을 출석시키는 경우도 있다. 책임의 유무가 확실하지 않은 단계에서 손해에 관하여 비용을 발생시킬 필요는 없기 때문에, 우선 책임의 유무에 관해서 판단을 받고, 다음으로 손해액에 관하여 판단을 받게 된다. 그경우에도 일부판정이 이루어진다.

그리고 결석판정이라는 것도 있다. 이것은 중재합의가 있고 그에 기초하여 신청인이 중재신청을 하고 서류 등을 상대방에게 송부하였지만 상대방이 나오지 않는 경우에, 신청인의 청구를 인정하는 판정이다. 일본의 재판에서는 결석판결이라는 것이 많지만, 국제중재에서는 그렇게 많지 않다.

마지막으로 '화해에 기초한 판정'이라는 것이 있다. 국제중재에서는 중재판정부가 당사자에 대하여 '화해하면 어떻습니까'라고 하는 경우는 없지만, 당사자간에 화해를 하는 경우는 적지 않게 있다. 그러한 경우에 보통은 당사자 간에 화해계약을 체결하고 신청인이 신청을 취하하여 종료하는 것이지만, 드물게 화해계약 그 자체가 중재판정과 동일한 집행력을 갖기를 원할 때에, 화해에 기초한 판정을 중재판정부에게 받기도 한다. 다만 이러한 경우는 그렇게 많지 않다.

▬ 중재판정의 예

중재판정의 예가 <표 6-1>이다. 이것은 제1장에서 나왔던 노무라 증권의 자회사인 Saluka Investment와 체코 공화국 사이에 있었던 사건의 중재판정이다. 이것은 UNCITRAL 중재이지만 당사자가 국가를 위하여 중재판정을 공개하였다. 우선 첫 페이지가 표지이다. 가장 위를 보면 이 중재가 UNCITRAL 중재규칙에 기초하여 이루어진 것임을 알 수 있다. 신청인이 Saluka Investment BV이며 상대방이 체코 공화국이다. 당사자 기재 아래에 'PARTIAL AWARD'라고 기재되어 있기 때문에 이 중재판정이 일부판정인 것을 알 수 있다. 그 아래에 중재판정부의 멤버와 당사자의 대리인이 기재되어 있다.

이와 함께 중재판정의 목차와 마지막 페이지만 기재되어 있다. 이 사건에서는 Saluka가 체코에 대하여 손해배상을 청구한 것이지만, 여기서는 일부판정으로 '체코는 투자협정을 위반한 것이 확실하다'고 판단하고 있다.

전부 약 100페이지 분량의 판정이 있었다. 손해에 관해서는 별도로 동일한 중재판정부에서 판단하기로 하였다. 이에 더하여 아래쪽에는 중재지가 스위스 제네바, 날짜는 2006년 3월 17일로 중재인 3명의 서명이 있다. 이것이 전형적인 중재판정이다.

표 6-1 중재판정의 예(Saluka Investment BV 대 체코 공화국)

THE MATTER OF AN ARBITRATION
UNDER THE UNCITRAL ARBITRATION RULES 1976

SALUKA INVESTMENTS BV (THE NETHERLANDS)
Claimant

v

THE CZECH REPUBLIC
Respondent

PARTIAL AWARD

Arbital Tribunal

Sir Arthur Watts KCMG QC (Chairman)
Maître L. Yves Fortier CC QC
Professor Dr. Peter Behrens

Representing Claimant	Representing Respondent
Mr. Jan Paulsson	Mr. george von Mehren
Mr. Peter J. Turner	Squire, Sanders & Dempsey L. L. P.
Freshfields Bruckhaus Deringer	4900 Key Tower
69 boulevard Haussmann	127 Public Square
75008 Paris	Cleveland, Ohio 4414-1304
France	USA
and	and
Professor James Crawford	Dr. Lubos Tichy
Kautepacht Research Center	Squire, Sanders & Dempsey, v. o. s.
for international Law	Advokátni kancelář
5 Cranmer Road	Václavské náměsti 57/813
Chmbridge CB2 9BL	110 00 Prague 1
United KingdomRepresenting Claimant	Czech Republic

Registry
Permanent Court of Arbitration

TABLES OF CONTENTS

510. The Tribunal, bearing in mind Article 38 of the UNCITRAL Rules, will address questions of conts within the framework of its eventual decision at the conclusion of the second phase of this arbitration.

VII. DECISIONS

511. For the foregoing reasons, the Tribunal unanimously renders the following decisions as its Partial Award in the present arbitration:

  a. The Tribunal has jurisdiction to hear and decide the dispute which the Claimant, Saluka Investments BV, has submitted to it;

  b. the Respondent, the Czech Republic, has not acted in breach of Article 5 of the Treaty;

  c. the Respondent has acted in breach of Article 3 of the Treaty;

  d. the question of the appropriate redress for that breach, including questions of quantum, will be addressed in a second phase of this arbitration, for which the Tribunals jurisdiction;

  e. the Tribunal will separately determine the timetable for the second phase of this arbitration; and

  f. the Tribunal reserves questions of costs until final consideration can be given to the costs of this arbitration as awhole.

Place of arbitration: Geneva, Switzerland

Dated: 17 March 2006

103

중재판정의 요건

중재판정의 작성방식이나 기재사항 등은 중재합의에 기재되어 있다면 그에 따르고, 중재규칙에도 기재되어 있다. 중재규칙에서는 중재판정은 서면으로 해야 한다든가 중재판정의 이유를 첨부해야 한다는 것이 정해져 있고, 작성일이나 중재인의 서명이 요구되는 것이 보통이다. 분쟁의 금액이 적은 경우, 중재기관에 따라서는 간이신속한 절차를 마련해둔 경우가 있으며, 이러한 경우에는 중재판정도 간단하게 하고 이유를 기재하지 않아도 괜찮은 경우도 있다.

중재판정의 기한이 중재규칙에 의해 결정되는 경우도 있다. 예컨대 ICC 등은 중재위탁요지서(Terms of Reference)가 작성되고 난 후 6개월 이내에 나오게 된다. 다만 이 작성기한은 연장되는 것이 보통이다. 목표를 잡고 작성하는 정도의 의미이며, 실제로 복잡한 국제중재가 6개월로 끝나는 경우는 거의 없다.

중재판정의 작성

중재판정은 중재인이 3인이라면 다수결로 결정하는 것이 일반적이다. 다수결로 결정되지 않는 경우, 예컨대 3인의 의견이 제각각인 경우에는 의장중재인이 결정하는 것이 일반적이다. 다수결로 2대1로 지게 되면, 진 쪽의 중재인이 반대의견을 작성하는 경우도 있다. 반대의견을 작성하는 편이 더 많다. ICSID 중재의 경우는 중재판정이 공표되기 때문에 반대의견을 작성하는 사람의 생각을 쉽게 알 수 있다. 중재인에 관한 정보를 수집하는 단계에서는 이러한 반대의견을 읽으면 어느 정도 알 수 있는 경우가 있다. 다만 반대의견을 쓰지 않는 것을 정책으로 하는 중재인도 일부 있다.

실제로 누가 중재판정을 작성하는지는 중재인이 협의하여 결정한다. 의장중재인이 작성하는 경우도 있고, 중재판정에 찬성하는 중재인이 분담하여 작성하는 경우도 있다. 다만 중재인이 3인이고 그 3인이 일일이 서류관리를 하거나 중재판정의 체재를 정리하지는 않고, 실무적으로는 앞서 설명한 Arbitral Secretary라는 보조인을 선정하는 경우가 일반적이다. 이는 예컨대 의장중재인이 법률사무소의 변호사라면 그 사무소의 Associate 등이 하는 경우가 많다. 이 Arbitral Secretary가 판정을 요하지 않는 부분(예컨대, 다툼이 없는 사실의 부분)의 초안을 작성하는 경우도 있다.

▥ 중재판정의 공표

중재판정은 공표되는 것인가 하는 점에 대해서 ICSID는 원칙적으로 중재판정을 공개한다. 반대로, 다른 중재기관에서는 원칙적으로는 공개되지 않는다. 다만 이것은 중재판정부가 공개하지 않는다는 것일 뿐이고, 당사자가 어떠한 형태로 웹사이트 등에 게재하는 경우는 있을 수 있다. 이것을 막고 싶다면 먼저 비밀유지의무계약 등을 체결해두어야 한다.

▥ 중재판정의 정정

중재판정이 나오고 난 후 명확한 실수가 있는 경우 정정을 신청할 수 있다. 중재판정 가운데에 단순한 오기가 있다거나 계산식이 실제의 계산과 다른 경우 등이다.

그리고 중재규칙에 따라서는 중재판정의 추가나 중재판정의 해석을 명확하게 하도록 신청하는 것을 인정하는 것도 있다. 중재판정이 누락되거나 또는 중재판정이 나와도 의미를 알 수 없는 경우라면, 중재판정의 추가나 해석을 요구할 수 있는 것이다.

▥ 중재판정의 취소

중재판정 후의 절차로 중요한 것으로서 중재판정의 취소가 있다. 중재판정의 취소는 중재지의 법원에 신청한다.

취소사유는 그 중재지의 중재법에 기재되어 있다. 예컨대 일본의 경우는 중재법 제44조에 기재되어 있다. 취소사유는 중재법에 따라 다르므로, 중재지의 선택은 매우 중요한 일이다. 선택하는 방법은 UNCITRAL 모델 중재법에 따른 중재법을 가지고 있는 국가(일본도 그러하다)라면 문제없다. 중재판정의 집행거부사유는 뉴욕협약에 정해져 있으며 상당히 한정적이다. UNCITRAL 모델 중재법이 규정하고 있는 취소사유는 뉴욕협약에서 집행거부사유와 동일하다. 따라서

UNCITRAL 모델 중재법에 기초한 중재법이라면 취소사유도 한정적이게 된다. 중요한 것은 취소를 요구 받은 법원은 실체판단을 하지 않는 것이다. 법원은 그 중재판정이 옳은지 그른지를 심사하지 않는다. 절차에 문제가 있는, 예컨대 중재인이 뇌물을 받았다는 등의 사유가 있으면 취소사유에 해당하게 된다.

또한 취소신청에는 기한이 있고, UNCITRAL 모델 중재법에서는 중재판정이 나오고 난 후 3개월 이내라고 되어 있다.

일본의 현행 중재법이 2003년에 제정된 이후 일본의 법원에서 중재판정의 취소가 인정된 사례가 1건 있다(東京地決平成23年6月13日判時2128号58頁). 이것은 도쿄지방법원의 결정으로 대법원까지 가서 확정되었다(最決平成24年7月25日判例秘書ID06710125).

중재판정 중 당사자 간에 다툼이 있는 사실이 당사자 간에 다툼이 없는 사실의 부분에 기재된 것이다. 도쿄지방법원은 다툼이 있는 사실에 관하여 판단하지 않았던 것과 동등하게, '절차적 공공질서'에 반한다고 하여 중재판정을 취소하였다. 확실히 중재판정의 서면에는 다툼이 있는 사실이 다툼이 없는 사실 부분에 기재되어 있지만, 중재판정을 전체적으로 읽으면 그 부분도 판정에서 고려사항이 되었다고 할 수 있다. 이러한 형식적인 실수를 이유로 중재판정을 취소해버리는 것에 대해서는 상당한 비판을 받는다.

제 3 절

중재판정의 승인·집행

중재판정의 승인과 집행

'중재판정의 집행'을 설명할 때에 '중재판정의 승인'이라는 절차도 설명되는 경우가 있다. '중재판정의 승인'이라는 것은 중재판정이 유효하게 당사자를 구속하는 것을 법원이 인정하는 절차다. 보통은 승인만을 요구하는 일은 없지만 국가에 따라서는 법원에 중재판정의 승인을 청구하지 않고 집행절차를 진행하지 못하는 경우도 있다. '중재판정의 집행'이라는 것은 법원이 중재판정부가 내린 중재판정을 강제적으로 집행하는 절차이다.

뉴욕협약에 의해 외국의 중재판정은 중재판정의 정본이나 인증을 마친 등본을 제출하는 등의 기본적인 요건을 만족시키면 집행할 수 있게 되어 있다. 강제집행이 쉽다는 것이 국제중재의 최대 장점 중 한 가지인 것은 이 책의 모두에서부터 설명한 바와 같다.

Column 집념의 집행

독일인인 Franz Sedelmayer는 경찰관 훈련이나 외국정부 고위관료의 경호를 비즈니스로 하는 러시아 기업의 주식 50%를 보유하고 있었다. 나머지 반은 레닌그라드시의 경찰이 보유하고 있었다.

그런데 러시아는 Sedelmayer의 지분을 강제적으로 빼앗아버렸다.

그래서 Sedelmayer는 독일과 구 소련의 양자간투자협정에 기초하여 스톡홀름의 SCC에서 중재를 신청하였다. 중재에서는 Sedelmayer가 이겼고 러시아에게 Sedelmayer의 손해를 배상하도록 명령이 내려졌다. 그런데 러시아는 Sovereign Immunity(주권면제)를 주장하면서 지불을 거부하였다.

그 이후 Sedelmayer는 뉴욕협약을 이용하여 세계 각지에 있는 러시아의 재산에 강제집행을 시도하였고, 실제로 80건 이상의 강제집행절차를 신청하였다. 예컨대, 루프트한자항공(독일)에 대한 러시아의 채권(영공통과료)을 가압류하려고 하였다. 다만 이 방법은 실패로 끝났다.

Sedelmayer의 강제집행은 부동산 쪽으로 잘 진행되었다. 예컨대, 러시아가 쾰른에 있는 아파트를 소유하고 있는 것을 알고, 독일의 법원에 강제집행을 신청하였다. Sedelmayer는 법원으로부터 아파트 일부의 매각을 명하는 명령을 얻어 중재판정으로 인정된 금액의 일부(수억엔)를 회수할 수 있었다.

Sedelmayer는 지금도 세계 각지에서 집행신청을 계속하고 있다.

이 이야기는 상대방의 재산이 있는 국가에서 강제집행 할 수 있는 국제중재의 이점을 보여주는 것이지만, 한편으로는 강제집행절차가 항상 간단한 것만은 아니라는(특히 국가를 상대로 하는 경우) 것도 보여주고 있다.

■ '상호주의'에 주의

뉴욕협약에 가입할 때에 가입하려는 국가는 두 가지의 유보를 할 수 있다. 첫 번째가 '상호주의의 원칙'이고, 두 번째는 '상사분쟁에 대해서만 적용'이다. 한 가지 유보를 하고 있는 국가도 있고, 둘 다 유보를 한 국가도 있다. '상호주의의 원칙'이라는 것은 중재판정이 나온 국가가 뉴욕협약의 체약국이 아니라면 뉴욕협약을 적용하지 않는다는 것이다.

일본, 미국, 영국 등은 이를 유보하였다. 따라서 뉴욕협약에 가입하지 않는 국가에서 나온 중재판정은 일본, 미국, 영국 등에서 집행할 수 없다. 다만 모두에서도 설명한 바와 같이 많은 국가가 뉴욕협약에 가입하고 있기 때문에 이것이 문제가 되는 경우는 보통 없다. 또한 중재지를 선택할 때에 중재지를 뉴욕협약의 체약국으로 해둔다면 문제없다.

'상사분쟁에 대해서만 적용'이라는 것은 상사분쟁 이외의 사건, 예컨대 이혼 등의 가사사건에 관한 중재판정은 집행할 수 없다는 것이며, 기업 간의 분쟁은 대부분이 상사분쟁이기 때문에 일본 기업과는 별로 관계없다.

승인·집행의 거부사유 (1)

다음으로 중재판정의 승인·집행의 거부사유에 관해서 설명한다. 여기서 중요한 것은 법원은 집행을 거부할지 여부를 판단함에 있어 당사자의 권리의무 관계를 심사하지 않는다는 것이다. 뉴욕협약에는 우선 당사자의 신청이 필요한 거부사유로서 5개의 사유가 기재되어 있다. 그리고 당사자가 신청을 하지 않아도 법원의 판단으로 거부할 수 있는 사유 두 가지를 포함하여, 총 7가지의 거부사유가 규정되어 있다.

우선 승인·집행의 거부사유 중 당사자의 신청이 필요한 사유는 5개이다 (표 6-2). 우선 뉴욕협약에서는 이러한 사유가 있는 경우는 중재판정의 집행을 '거부할 수 있다'고 기재되어 있기 때문에 '거부해야 한다'는 것은 아니다. 국가에 따라서는 거부사유가 있어도 중재판정의 집행을 인정하는 경우도 있다. 예컨대 여기서도 기재되어 있는 대로 중재판정이 취소되는 경우는 중재판정의 집행 거부사유가 된다. 그러나 프랑스에서는 외국의 중재지에서 취소된 중재판정의 집행을 인정한 예도 있다.

표 6-2 당사자의 신청이 필요한 거부사유(뉴욕협약 제5조 제1항)

· 제2조에 규정된 합의(중재합의)의 당사자가 그들에게 적용될 법률에 의하여 무능력자이거나 또는 당사자들이 준거법으로 지정한 법령에 의하여 또는 지정이 없는 경우에 판정이 내려진 국가의 법령에 의하여 전기(前記)의 합의가 유효하지 않은 경우
· [중재]판정이 불리하게 원용되는 당사자가 중재인의 선정 또는 중재절차에 관해서 적절한 통지를 받지 못하였거나, 기타 이유에 의해 방어가 불가능하였던 경우
· [중재]판정이 중재회부조항에 규정되어 있지 않거나 그 조항의 범위에 속하지 않는 분쟁에 관한 것이거나, 또는 그 판정이 중재회부의 범위를 벗어나는 사항에 관한 것을 포함하고 있는 경우. 다만 중재에 회부한 사항에 관한 결정이 중재에 회부하지 아니한 사항과 분리될 수 있는 경우에는, 중재에 회부한 사항에 관한 결정을 포함하는 판정의 부분은 승인 및 집행될 수 있다.
· 중재판정부의 구성 또는 중재절차가 당사자의 합의에 따르지 않았거나, 그러한 합의가 없었던 경우에는 중재가 이루어진 국가의 법령에 배치되는 경우
· [중재]판정이 아직 당사자들에게 구속력이 없거나 판정이 내려진 국가의 권한 있는 당국에 의하여 또는 그 국가의 법에 따라 판정이 취소 또는 정지된 경우

집행거부사유를 간단하게 설명한다. 첫 번째는 당사자가 무능력자이거나, 기타 이유로 중재합의가 무효인 경우이다. 예컨대, 중재합의를 한 계약에 회사 측 사람의 서명이 있어도, 실제로는 그 사람에게 계약체결권한이 없었던 것과 같은 경우이다. 또는 제2장에서 조금 다루었는데, 중국의 중재법에서 중재합의 중에 중재기관을 명기하지 않으면 중재합의는 무효가 되어버리기 때문에 이러한 경우에는 중재판정의 집행이 거부되는 경우가 있다.

두 번째는 중재판정이 불리하게 원용된 당사자, 즉 진 당사자가 중재인의 선정이나 중재절차에 관해서 합리적인 통지를 받지 못한 경우이다. 또는 기타 이유에 의해 방어가 불가능했던 경우이다. 이것과 관련하여 중재인의 선정에 관여할 수 없었던 것이 문제되는 경우가 있다. 예컨대 처음에 두 당사자만으로 중재절차를 진행하고 중재인도 선정되고 나서, 후에 다른 회사가 중재절차에 참가하는 경우이다. 후에 참가한 당사자가 진 뒤, 집행되는 단계에서 '우리들은 중재인을 선택하지 못하였다'고 하며, 집행거부를 신청하는 경우가 있다. 방어가 불가능한 경우는 예컨대, 일방당사자가 절차에 입회하지 못하였다든지 또는 중재판정부가 당사자가 내용을 알 수 없는 증거에 기초하여 판정을 한 경우다.

세 번째는 중재로 해결하는 것을 합의하지 않은 분쟁이나 중재에 회부된 범위를 넘는 사항에 관해서 중재판정이 내려진 경우이다. 즉, 당사자가 신청하지 않은 사항에 관해서 중재판정이 내려진 경우에 그 부분의 중재판정은 집행이 거부된다. 있을 수 있는 경우로는, 다양한 계약을 체결한 당사자 간의 중재에서 중재합의가 없는 계약에 관해서까지 중재판정이 이루어진 경우이다. 이러한 경우에는 집행이 거부되는 경우가 있을 수 있다.

네 번째는 중재판정부의 구성 또는 중재절차가 당사자의 중재합의에 따르지 않은 경우이다. 중재합의에는 중재합의로 선택한 중재규칙도 포함되어 있기 때문에, 그 규칙에 위반하는 경우도 포함된다. 예컨대 실제로 있었던 예에서는, 중재판정의 기한이 정해져 있었지만 기한을 연장하는 절차를 취하지 않고 기한을 넘겨 중재판정을 내린 것에 관해서 집행이 거부된 경우가 있다.

다섯 번째는 앞서 프랑스의 예에서 설명한대로, 취소된 중재판정에 관해서는 집행을 거부할 수 있게 되어 있다. 또한 중재판정이 아직 당사자를 구속하지 않는 경우나 중재판정의 효력이 정지된 경우도 집행거부사유가 된다.

▒ 승인·집행의 거부사유 (2)

다음은 당사자의 신청이 불필요한 거부사유이다. 당사자가 주장하지 않아도 법원이 직권으로 판단하여 거부할 수 있는 경우가 2개 있다(표 6-3).

표 6-3 당사자의 신청이 불필요한 거부사유(뉴욕협약 제5조 제2항)

· 분쟁의 대상인 사항이 그 국가의 법에 따라서는 중재에 의해 해결될 수 없는 것인 경우
· [중재]판정의 승인 및 집행이 그 국가의 공공의 질서에 반하는 경우

첫 번째는 분쟁의 대상사항이 그 국가의 법에 따라서 중재로 해결될 수 없는 경우이다. 예컨대, 일본의 중재법에서 중재할 수 없게 되어 있는 분쟁에 대하여 외국에서 받은 중재판정의 집행을 하려고 하여도 집행은 거부된다. 예컨대 일본에서는 이혼이나 파양 등 신분관계에 관한 분쟁에 대해서는 중재를 할 수 없게 되어 있기 때문에 이러한 분쟁에 관해서 외국에서 중재판정이 나와도 일본에서는 집행될 수 없다. 또한 일본의 중재법에서는 개별의 노동관계 분쟁에 관해서는 중재를 할 수 없게 되어 있기 때문에 그것도 집행할 수 없게 되어 있다.

두 번째는 중재판정의 승인 및 집행이 그 국가의 공공의 질서에 반하는 경우이다.

앞서 중재판정의 취소와 관련하여, 도쿄지방법원의 결정에 대해 서술하였는데, 여기서 말하는 '공공의 질서'에는 '절차적 공공질서'도 포함된다고 여겨지고 있다. 예컨대 중재인이 일방당사자로부터 뇌물을 받은 경우 등은 공서양속에 반하는 것으로, 집행이 거부되는 경우가 있다. 또한 예컨대 증인이 된 사람이 일방당사자로부터 돈을 받고 거짓말을 하는 경우도 절차적 공공질서에 반한다고 여겨지고 있다. 그래서 예컨대 전문가증인 등에 대해서는 여비, 일당이면 몰라도, 상당히 큰 액수의 보수를 지불하면, 증언을 돈으로 산다는 의심이 생기는 경우도 있기 때문에 주의할 필요가 있다.

공서양속에 대해서 일본의 최고재판소(대법원)는, 미국법원의 판결에 의한 징벌적 배상은 일본의 공공질서에 반하는 것으로 집행을 인정하지 않았다. 중재의 경우, 미국법이 준거법이고 중재판정부가 징벌적 배상을 인정한 경우에 일본에서 집행될 수 있는지가 문제가 된다. 이 점에 관해서는 여러 가지 의견이 있

고 판례는 없기 때문에 논의가 진행 중이다. 징벌적 배상이라는 것은 일본의 민사상 인정되지 않는 것이기 때문에, 중재의 경우에 인정되지 않는다는 의견이 있다. 한편 중재의 경우는 원래 준거법을 선택할 수 있기 때문에 당사자의 사적 자치를 존중하여 인정되어도 좋다는 의견도 있다.

중재판정 집행의 시기

다음으로 중재판정 집행의 시기에 관해서 설명한다. 국제중재의 세계에서는 진 당사자의 90% 정도가 임의로 이행하며, 집행까지 가는 경우는 별로 없다.

다만 10% 정도는 집행까지 가게 되므로, 집행절차를 시작하는 시기에 관해서 검토한다. 우선 중재판정의 정정 등을 하고 있다면 집행으로 나아가는 것이 늦어지기 때문에 빠르게 마무리 해두어야 한다. 나아가 중요한 점으로서는 중재판정의 집행 전에 필요한 절차가 있다. 이 점에 관해서는 국가마다 필요가 절차가 있기 때문에 절차의 내용에 따라서는 시간이 걸리는 경우도 있다. 따라서 시간이 걸릴 것 같은 경우는 상대방과 지불에 관한 교섭을 진행하면서, 집행에 필요한 절차를 병행하여 진행해야 하는 경우도 있다. 그리고 화해교섭도 집행의 시기에 영향을 미친다. 국제중재에서는 상대방이 임의로 이행하는 것이 보통이지만, 상대방이 이행을 거부한다면 화해교섭을 하는 경우도 자주 있다. 강제집행까지 하게 되면 비용과 시간이 들기 때문에 조금 할인하여 받는 편이 좋은 경우도 있다. 또 한 가지로 비슷한 이야기이지만 중재판정을 다른 거래에서 교섭의 재료로 하는 경우가 있다. 중재판정으로 유리한 판정이 나온다면, 그것을 바탕으로 좀 더 좋은 조건으로 거래하기 위한 교섭재료로 사용하는 것이다. 이러한 경우는 집행의 시기도 신중하게 검토할 필요가 있다. 마지막으로 상대방의 재산이 있는 장소나 가압류 할 수 있는 재산이 특정될 수 있다면 집행절차를 진행할 수 있지만, 모른다면 조사해야 하기 때문에 시간이 걸린다.

▦ 국가에 따라 다른 집행절차

중재판정의 집행에 필요한 절차는 국가에 따라 다르다. 간단한 곳으로는 중재판정을 법원에 기탁(Deposit)하고 등록(Register)하는 곳이 있다. 스위스 등은 이러한 방법으로 중재판정을 법원에 제출하면 법원의 판결과 동일하게 집행받을 수 있다.

영국, 미국, 싱가포르 등은 중재판정의 집행에 관해서 법원의 허가를 얻게 된다. 중재판정을 법원에 가지고 가서 영국이라면 2, 3일, 미국에서도 1주일 정도, 싱가포르에서는 그 정도 시간이 걸리지 않고 허가를 얻을 수 있게 된다.

일본에서는 법원에 집행결정을 요구할 수 있게 되어 있다. 신청을 받은 법원은 상대방을 불러 의견을 들은 후에 결정한다. 기간으로서는 수개월이 걸리는 경우도 있다.

또한 인도네시아 등에서는 중재판정을 법원에서 등록한 다음, 집행허가명령이라는 것을 요구할 필요가 있다. 따라서 조금 시간이 걸린다.

중재판정의 집행 전에 승인을 요구해야 하는 국가로는 프랑스가 있다. 이와 같이 국가에 따라 필요한 절차는 다르기 때문에 어디서 집행할 것인가에 따라 절차가 변하는 것에 주의해야 한다.

▦ 어디서 집행할 것인가

어디서 중재판정을 집행할 것인가는, 상대방의 국가에 재산이 있는 것이 보통이기 때문에 상대방의 국가에서 집행하는 것이 보통이다. 상대방의 국가에서 집행할 수 없거나 집행하기 어려운 경우에는 다른 국가에서의 집행을 검토해야 한다. 그래서 상대방의 재산이 어디에 있는지를 파악할 필요가 있다. 이는 간단하지 않기 때문에 전문적인 조사회사를 사용하는 경우도 자주 있다.

그 결과 몇몇의 국가에 재산이 있는 것이 판명된 경우, 어느 국가에서 집행할지 검토한다. 앞서 설명한 바와 같이 국가에 따라 외국 중재판정의 집행절차가 다르기 때문에, 가능하다면 간단한 국가에서 한다. 또한 집행절차에 비용이 들지 않는 국가가 있다면 그곳에서 하는 것도 검토한다. 국가에 따라서는 집행비용도 상대방으로부터 회수할 수 있기 때문에, 이러한 점도 고려한다. 또한 중재판정을 집행할 수 있는 기간이 정해져 있는 국가도 있기 때문에, 이에 관해서는 현지의 법제도를 확인할 필요가 있다.

주의가 필요한 국가

중재판정의 집행에서 주의가 필요한 몇몇의 국가가 있다. 우선 뉴욕협약에 가입하지 않은 국가이다. 예컨대, 파푸아뉴기니, 몰디브, 투르크메니스탄, 이라크 등은 가입하지 않았다. 미얀마는 오랫동안 가입하지 않고 있었지만, 2013년 7월에 가입하였다. 대만은 뉴욕협약에는 가입하지 않았지만, 기본적으로 문제없이 집행할 수 있다. 홍콩의 중재판정이 대만에서 집행되는 예도 많이 있다.

주의가 필요한 곳은 인도이다. 인도는 뉴욕협약에 가입하였지만 인도 정부가 인정한 국가를 중재지로 하는 중재판정밖에 집행을 인정하지 않는다. 뉴욕협약에 가입하였음에도 이러한 운용을 하는 것은 문제가 있는 것이며, 인도의 현재 상황은 이러하기 때문에 주의가 필요하다.

중국에 대해서는 집행거부되는 사례가 많다는 인상을 받는다. 특히 앞서 조금 다루었듯이, 중재합의의 유무가 엄격하게 심사되는 경향이 있으며 중재판정이 취소되는 경우도 있다. 다만 앞서 설명한대로 국제중재사건의 90%는 임의로 이행되기 때문에 이러한 사례를 과대하게 평가하는 것은 적절하지 않다.

중국의 법원이 중재합의의 유무를 엄격하게 심사한다고 하여도 중재조항의 초안 작성에 주의를 기울인다면 문제는 없을 것이다.

ICSID 중재에서의 중재판정 집행

마지막으로 ICSID 중재에서의 중재판정 집행에 관해서 간단하게 다루어 본다. 지금까지의 설명은 뉴욕협약 등 일반 상사중재에 관한 것이며 ICSID 중재의 경우는 약간 다르다. 우선 ICSID 협약에서 ICSID 회원국은 ICSID 중재의 판정을 자동적으로 승인하게 되어 있다. 그래서 법원의 승인절차는 필요하지 않다. 즉, ICSID의 중재판정은 집행하는 국가의 법원이 내린 판결과 동일하게 집행될 수 있고, 중재판정집행을 위한 특별한 절차는 필요 없다.

더 나아가 법원에서 ICSID 중재의 중재판정취소를 요구할 수 없다. ICSID

의 중재판정은 국가의 법원으로부터 완전하게 독립된 판정이다.

중재판정의 취소사유가 있을 법한 경우는 ICSID가 판단하게 된다. ICSID 중 Annulment Committee라는 위원회가 있고, 그 위원회가 취소사유가 있는지 여부를 판단하게 된다.

중재판정의 집행에 관해서는 ICSID의 경우, 90% 이상 대부분이 임의로 이행된다. 역시 국가이기 때문에 자존심이나 면목도 있을 것이고, ICSID는 세계은행의 기관이기 때문에 그 판단에 따르지 않는 것은 상당히 리스크가 높은 것이다. 지금까지 이행을 거부한 국가는 5개이다. 콩고, 세네갈, 라이베리아, 카자흐스탄, 아르헨티나이다.

아르헨티나는 계속 거부하여 왔지만 2013년 11월에 들어서는 여러 압박에 견디지 못하고 화해하였다. 아르헨티나가 이행하지 않았던 중재판정은 ICSID 중재가 4개, UNCITRAL 중재가 5개이며, 이긴 측은 그 권리를 투자자에게 매각하였다. 그 투자자와 아르헨티나 사이에 화해가 성립되었고, 아르헨티나는 아르헨티나 국채로 지불하였다고 한다. 투자자는 액면의 85%를 회수하고, 후에 지연이자도 55%정도 회수할 수 있었던 것 같다.

아르헨티나가 급하게 화해한 배경에는 중재의 신청인이 미국 기업으로, 세계은행과 IMF로부터 아르헨티나로의 Loan 공여에 미국이 강경하게 반대하여왔던 점이 있었던 것 같다. ICSID의 경우, 이러한 형태로 여러 가지 압박이 있기 때문에 임의로 이행되는 경우가 많은 것이다.

국제중재 Q&A

Question 뉴욕협약에 가입하지 않은 경우는?

뉴욕협약에 가입하지 않은 국가(예컨대, 이라크 등)의 당사자와 계약을 체결한 경우, 계약상의 권리를 지키기 위한 실무적인 방책은 없는가?

Answer

사건에 따라 개별적으로 검토할 필요가 있는데, 몇가지 수단이 있다.

예컨대 M&A 사건이라면 Earn-out 조항(M&A 대가의 일부를 장래 일정한 조건이 성립한 경우에 지불하기로 하는 것)이나 에스크로(제3자에게 M&A의 대가를 맡기고 일정한 조건이 성립한 경우에 제3자로부터 매도인에게 대가가 지불되는 구조)를 이용하여 지불을 뒤로 미루는 방법을 생각할 수 있다. 이를 통해 리스크에 노출되는 금액을 줄일 수 있다.

또한 프로젝트 사건에서는 중재판정에서 인정된 채권을 그 프로젝트에 계속적인 지불 채무나 상대방에게 지불되는 수익과 상쇄할 수 있도록 계약상의 대비책을 마련해두는 것도 생각해 볼 수 있다.

제 7 장

국제중재의 시간과 비용

제 **1** 절

시간과 비용을 줄이는 방법

▓▓▓ 서론

본 장에서는 국제중재의 시간과 비용을 줄이는 방법에 관하여 설명한다. 단순하게 시간과 비용을 줄이고자 한다면, 제2장에서 설명한 간이절차를 통해서도 가능하다. 그러나 중재인이 3인이 있는 보통의 중재절차에서, 비용과 시간을 줄이는 결정적으로 유효한 방법이 있는 것은 아니다. 절차의 각 과정에서 효율적으로 진행하는 것으로 전체적인 비용과 시간을 줄이는 것 이외의 방법은 없다.

또한 비용과 시간을 줄이는 것 자체는 대단히 중요한 것이고 합리적인 것이지만, 어디까지 비용과 시간을 줄이는데 주력할 것인지는 사건에 따라 다르다. 예컨대 '부당한 트집'과 같은 중재라면 시간과 비용을 줄여 빠르게 종결시키는 것이 매우 중요해진다. 그러나 사건이 복잡하고 청구금액이 매우 큰 사건이라면 가능한 방법은 전부 동원해야 한다. 따라서 시간과 비용을 어디까지 줄일 것인가는 사건마다, 경우마다 비교형량을 한 후에 적절하게 판단할 필요가 있다. 따라서 이하의 내용은 'Best practice'로 권장할 수 있지만, 각각의 사안에 형식적으로 적용시키지 않는 것도 중요하다.

▓▓▓ 국제중재의 실태

우선 무슨 이유에서인지 '중재는 재판에 비해 싸고 빠르다'는 인상이 있지만, 제1장에서도 설명한 대로 재판에 비해 중재가 반드시 싸고 빠르다고 말할 수 없다. 경우에 따라 다르지만 소송보다도 시간과 비용이 더 드는 경우도 있다. 디스커버리가 광범위하게 이루어지는 미국의 복잡한 소송과 비교하면 싸고 빠르다고 할 수 있지만, 일반론으로 소송과 중재를 비교할 때에 중재가 싸고 빠른 것은 아니다.

　　실제로 중재를 이용한 사람들에게 설문조사를 통해 '중재를 해보고 불만이라고 생각하는 것 상위 세 가지를 드시오'라고 질문을 했을 때, 상위 두 가지는 비용과 시간이었다(그림 7-1). 이렇게 중재를 이용한 사람에게 있어 가장 불만이 있는 점은 비용과 시간이기 때문에, 비용과 시간이 적게 든다는 이유로 중재를 하겠다는 판단은 반드시 옳지 않은 것이 현실이다.

그림 7-1 국제중재의 문제점을 세 가지를 들면 무엇인가?

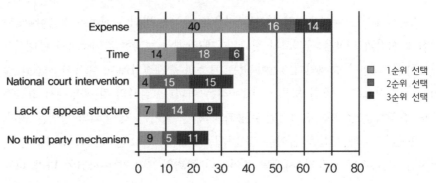

출처: Queen Mary University of London, International arbitration: Corporate attitudes and practices 2006

▦ 비용의 내역

　　그렇다면 중재에 드는 비용은 어떤 내용으로 되어 있을까. <그림 7-2>는 ICC의 자료를 바탕으로 작성한 것인데, 중재에 드는 비용의 2%가 ICC에 지불하는 관리비용이다. 중재인에 대한 보수나 비용이 전체의 16% 정도이다. 나머지 80% 정도가 당사자가 주장을 입증하기 위하여 부담하는 비용이다. 변호사비용, 그리고 전문가증인을 세우는 것이라면 그 전문가의 비용이나 그 이외의 제비용이 큰 비중을 차지한다. 제비용으로서는 예컨대 교통비, 회의실비용, 회사

내부의 비용이다. 역시 주장입증을 위한 비용이 가장 크다.

국제중재에 드는 시간은 2011년에 시행된 조사에서는 대체로 17~20개월이 걸린다는 결과가 나왔다. 중재인이 3인인 국제중재의 사건에서는 역시 2년은 걸린다고 생각하는 편이 현실적이다. 소송보다 매우 빠르다고 할 수 없는 것이 명확하다.

그림 7-2 중재에 드는 비용의 내역

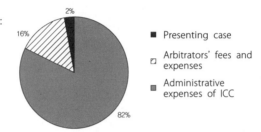

ICC 중재사건(2003~2004년)의 평균 :
· 주장입증에 필요한 비용 : 82%
 - 변호사비용
 - 증인, 전문가증인에 관한 비용
 - 기타
· 중재인의 보수 및 비용 : 16%
· ICC의 관리비용 : 2%

- Presenting case
- Arbitrators' fees and expenses
- Administrative expenses of ICC

출처: ICC Publication No. 843, Techniques for Controlling Time and Cost in Arbitration, 2007

▦ 왜 비용과 시간이 드는 것인가

그렇다면 왜 비용과 시간이 드는 것일까. 비용과 시간이 드는 원인은 크게 세 가지가 있다.

우선 불필요하게 복잡한 절차나 의미 없는 이의신청이다. 알기 쉬운 예로 들면, 서면의 제출기한을 최초절차기일로 정하였지만, 실제로는 당사자로부터 '연장하고 싶다. 이러한 정당한 이유가 있기 때문'이라는 의견서가 제출되면, 많은 경우에 중재인은 이를 받아들인다. 이렇게 되면, 이에 대하여 반론이 나오고, 그에 대한 재반론이 나오는 경우가 종종 있다. 중재인의 경우는 판사와는 달리, 당사자에게 선택되어 '당사자가 납득하는 분쟁해결 시스템'이라는 것이 근저에 있기 때문에 당사자의 의견을 무시하기 어려운 점이 있다. 또한 중재인마다 다르지만, 많은 경우 심리 내지 중재판정을 내릴 때까지 진지하게 세밀한 것까지 기록을 자세하게 읽고 이해하고 있는 것은 아니다. 그렇다면 당사자를 제지하고 신속하게 절차를 진행하는 것이 어려운 경우도 있다. 이것에 대한 대처법으로는 이후에도 기술하겠지만, 한편으로는 강제로 절차를 진행하는 데 자신이 있는 중재인을 선택할 필요가 있다.

또한 시간이 걸리는 것은 제5장에서 설명한 디스클로져, 디스커버리이다. 디스클로져를 합리적인 범위로 제한하는 것이 대단히 중요하다. 예컨대, IBA의 국제중재에서의 증거조사에 관한 규칙을 사용하거나 Redfern Schedule을 사용할 수 있으며, 이러한 점은 제5장에서 설명한 바와 같다.

그리고 불필요한 증인을 신문하는 것도 비용과 시간이 늘어나는 큰 원인이 된다. 예컨대 증인의 수가 20명 정도 되는 경우도 있기 때문에, 이를 확실하게 통제하지 못하면 불필요한 시간과 비용이 들게 된다.

제 **2** 절

중재규칙, 중재기관, 중재합의

▒▒ 중재규칙의 선택방법

다음으로는 중재의 각 절차단계에서 비용과 시간을 줄이는 포인트에 대해 설명한다.

우선, 중재합의에 관해서는 각 중재기관이 모델조항을 공표하고 있기 때문에 그것을 사용하여 간단한 중재조항을 작성함으로써 중재개시시점에서의 불필요한 분쟁을 막을 수 있다.

중재합의 중에서 중재규칙을 선택하게 되며 제2장에서 설명한대로 중재의 방법에는 크게 나누어 임의중재(*ad hoc* 중재)와 기관중재가 있다.

임의중재(*ad hoc* 중재)는 중재기관이 없기 때문에, 중재기관에 지불하는 비용은 없다. 다만 중재기관이 절차를 관리하지 않으므로 상대방의 대응에 따라서는 절차가 진행되지 않을 가능성도 있다. 중재기관에 지불하는 비용은 전체의 2%정도이기 때문에 비용 전체를 고려한 경우, 임의중재(*ad hoc* 중재)가 기관중재보다도 저렴한 것은 아니다. 비용과 시간을 종합적으로 고려하여 일반적으로는 기관중재를 권장한다.

▒▒ 중재기관의 비용

중재기관의 비용은 크게 나누어 중재인에게 지불하는 보수와 중재기관에 지불하는 관리비용 두 가지가 있다. 계산방법에 관해서는 중재규칙에 따라 크게 나누면 두 가지 방법이 있다(38페이지의 표 2−1에 대표적인 중재기관의 비용산정방식에 관해서 정리하였다).

한 가지는 종가방식으로 청구금액에 기초하여 산정된다.

또 다른 한 가지 방법으로 시간단가방식이 있다. 이것은 중재인이 사건을 위하여 사용한 시간에 따라 보수가 결정되는 방식이다. 예컨대, LCIA라면 상한이 450파운드이기 때문에, 중재인이 사용한 시간 × 450파운드와 같은 형태로 중재인보수의 상한이 산출된다. LCIA에서는 중재기관의 관리비용에 관해서도 시간에 따라 계산된다.

어느 계산방법이 좋은지에 관해서 일반적으로는 말하기 어렵다. 예컨대 매우 복잡한 사안에서 시간단가방식으로 한다면, 종가방식의 경우보다 비용이 늘어나는 경우도 있고, 반대로 사안이 단순하고 계쟁금액이 큰 경우는 시간단가방식이 저비용으로 끝낼 수 있다. 중재조항의 초안을 작성하는 시점에서 무엇이 좋은가를 예상하는 것은 어려운 것이 현실이다.

실제의 비용이 어느 정도 들 것인가는 일괄적으로 말하기 상당히 어려우나, ICC, SIAC, HKIAC 홈페이지에서 중재인의 보수와 중재기관의 관리비용을 미리 계산해 볼 수 있다. 이들 모두 종가방식이며, 중재인은 3인으로 선정하고, 계쟁금액이 미화 5,000만 달러인 사례로 산정해보았다(표 7−1. 환율은 계산시의 것을 사용). ICC의 중재인보수는 폭이 있어 그 범위 가운데에 중재기관이 결정하게 된다. ICC의 관리비용이 미화 9만5천 달러 정도이며 SIAC이나 HKIAC에 비해 약간 높다. 중재인보수도 상한은 꽤 높게 되어 있다.

일반적인 실무감각으로도 ICC는 '비싼 듯한' 인상이 있다.

다만, ICC는 절차를 꼼꼼하게 본다. ICC는 '비용은 들지만 절차를 꼼꼼하게 한다'는 평가가 있기 때문에, ICC가 선택되는 경우가 많은 것이다. 다른 중재기관에 관해서는 비용에 있어서 큰 차이는 없다고 생각한다.

■ 중재인의 수

지금까지 중재인보수의 이야기를 하였다. 중재인의 수가 많아지면 당연히 중재인에게 지불하는 보수나 비용의 총액은 늘어난다. 또한 중재인이 1인이라면 다른 중재인과 이야기할 필요가 없기 때문에 판정시간이 짧게 마무리된다. 다만, 신중하게 판정받고 싶은 복잡한 사건이나 대규모 사건에서는 중재인을 3인으로 선정하는 편이 좋다고 할 수 있다. 본장의 앞부분에서 설명한대로 시간과 비용을 어떻게 줄이는지와 어떤 심리가 바람직한지의 균형이 필요하다. 즉, 규모가 작고 복잡하지 않은 사건이라면 1인의 중재인이 단연 빠르고 싸게 해결할 수 있다. 반대로 사건이 크고 복잡하다면 중재인은 3인으로 하는 편이 좋은 것이다.

또한 제2장의 중재합의에서 중재인의 자격을 이야기하였다. 중재인의 자격을 과도하게 제한하여 버린다면, '이 중재인은 자격요건을 충족하는 것인가'가 다툼이 되어, 그것을 해결하는데 시간과 비용이 들 가능성도 있다. 그래서 중재인의 자격을 제한하는 것은 권장하지 않는다.

▒ 중재인의 선정방법

중재인의 선정방법은 비용과 시간이라는 관점에서도 매우 중요하다. 중재인에 따라 중재에 드는 비용과 시간이 크게 달라진다. 우선 첫 번째 포인트는 사건관리가 능숙한 중재인인지 여부다. 즉 중재절차의 지휘를 확실하게 하여 능숙하게 절차를 진행해가는 중재인이다. 또한 시간적으로 여유가 있는 중재인인지도 큰 포인트 중 한 가지다. 아무리 좋은 중재인이라도 심리 일정을 도저히 잡지 못하고 있다면, 심리의 일정이 계속 미루어지게 될 수 있다. 다만 사건을 어떻게 진행하고 싶은지에 따라 달라지기도 한다. 예컨대 자신이 이기는 것이 당연한 사건이라면 바로바로 절차를 진행하여 판정을 내리는 중재인을 선택하는 편이 좋으

표 7-1 중재기관에 따른 비교

	ICC	SIAC	HKIAC
3인의 중재인이 선임되고 계쟁금액이 미화 5,000만 달러인 경우	중재인보수 미화 191,301달러 ~843,600달러	중재인보수 미화 496,914달러 (평균)	중재인보수 미화 661,743달러
	관리비용 미화 95,515달러	관리비용 미화 40,005달러 (평균)	관리비용 미화 36,926달러

* 각 중재기관의 홈페이지 상에서의 계산에 기초한다.

며, 반대로 그것이 어려운 사건이나 복잡한 때에는 신중하게 판정을 내리는 중재인이 좋을 것이다. 중재인은 역시 사건에 따라 선택하는 것이 좋다.

또한 중재인 중에는 심리 전에 꼼꼼히 기록을 읽지 않는 사람이나 절차를 꼼꼼하게 지휘하지 않는 중재인이 적지 않게 있다. 안타깝지만 현실적으로 그러한 경우가 있기 때문에, 심리 전에 중재인이 모여 사건의 기록을 잘 검토하여 이야기를 하는 시간을 마련하도록 하는 것을 제안한다. 심리 전에 1~2회 중재인이 모이는 날을 잡아서 '꼼꼼하게 기록을 읽고 이야기하여, 절차를 진행해주세요'라는 시간을 마련하도록 하는 것이다. 이것을 'Reed Schedule'이라고 한다. 중재인이 1인인 경우는 '모이는' 것이 없지만, 기록을 검토하기 위한 날을 잡아 실제, 그 날 하루 기록의 검토에 사용하게 하는 경우도 있을 수 있다.

▦ 신속처리를 규정해야 하는가

중재합의의 가운데 '1년 이내에 절차를 종료한다' 등과 같이 정한다거나, 중재규칙으로 정해진 기간을 단축하는 것에 의미가 있는가 하는 등의 문제가 있다. 확실히 이러한 합의를 함으로써 절차를 단축시킨다거나 비용을 줄이는 경우도 있다. 그러나 실제로는 중재합의를 하는 단계에서 그것이 적절한지를 판단하는 것은 매우 곤란하다.

또한 그 제한이 지켜지지 않은 경우에 절차가 어떻게 되는지 문제도 있다. 절차는 무효가 되어버리는 것인지, 중재판정이 취소되는 것이 아닌지 문제가 생길 가능성도 있다. 이 때문에 중재합의로 중재규칙에서 정해진 기간을 단축시키는 경우는 일반적이지 않다. 만약 그러하다면 중재판정부의 재량으로 그 기간을 연장할 수 있는 등의 조항을 넣어두는 편이 무난하다.

▦ 비용부담을 정해야 하는가

중재조항으로 비용부담을 정해두는지 여부도 어려운 문제다. 중재비용의 부담에 관해서는 크게 나누어 세 가지의 접근이 있다. 한 가지는 잉글리쉬 룰이라고 하는 패소자가 비용을 부담하는 것이다. 그리고 두 번째는 아메리칸 룰이라고 하는 각 당사자가 변호사의 비용 등에 관해서는 각각 부담하는 것이다.

그리고 또 하나는 아무것도 규정하고 있지 않는 경우이다.

국제중재에서 일반적으로 중재인은 중재비용을 당사자에게 어떻게 부담시킬지에 관해서 재량권을 가지고 있다고 본다. 중재규칙에 그렇게 규정되어 있는 경우도 있다. 일반적인 실무로는 중재조항에 정함이 없어도 중재판정에서 이긴 당사자는 어느 정도의 비용을 회수할 수 있다. '진 쪽이 전부 부담한다'는 것이 일반적인 실무이지만, 상대방의 불합리한 행위 때문에 불필요한 비용이 들게 되는 경우 전부 부담시키는 것은 부당한 경우도 있다. 따라서 이러한 경우에 비용부담을 조정할 수 있도록 중재인에게 어느 정도 맡겨두는 편이 좋다.

▒ 상대방에 대한 비용청구

여기서는 비용부담의 구체적인 처리에 관해서 설명한다. 국제중재에서는 보통 심리가 끝나고 최종준비서면을 제출한 후에 Cost Submission이라고 하여 '이러저러한 비용이 들었기 때문에 이 비용에 관해서는 상대방에게 부담시켜 주시기를 부탁합니다'라는 서면을 중재판정부에게 제출한다. 그 서면을 본 후에 중재판정부가 그 사건의 내용 판단과 함께 비용에 관해서도 판단한다. Cost Submission에 어떤 것을 적는가 하면, 한 가지는 비용의 내역이다. 어떤 비용이 들었는지를 적고 이 비용에 관해서는 상대방이 부담해야 한다는 것을 적는다.

구체적으로 상대방에게 청구하는 비용에는 어떤 것이 있는지 보면, 한 가지는 변호사 보수이다. 그리고 전문가증인을 선택한 때에는 그 사람의 보수도 있다. 그리고 기타 여러 가지 비용, 실비이다. 변호사로부터 실비로 청구될 여지가 있는 것은 모두 넣는다. 예컨대, 번역비용, 유로 온라인 리서치 비용, 전화회의의 전화비, 휴대전화로 통화한 경우의 전화비 등이다. 그리고 팩스로 어떤 자료를 보낸 경우에는 팩스요금, 국제배송료, 복사나 택시 요금, 항공권이나 숙박비, 식비도 넣는다. 디스클로져에서 Vendor를 사용하였다면, Vendor의 비용 등도 넣는다. 그리고 심리에 드는 비용으로 심리 할 때의 회의실요금, 심리 시 Court Reporter의 비용 등이 있다. 심리절차로 가기 위한 비용 등에 관해서도 상대방에게 청구한다. 더 나아가 회사의 임원이나 사내변호사가 중재를 위하여 사용한 시간에 따라 비용을 청구하는 경우도 있다. 이러한 비용이 전부 인정된다고 단정 지을 수는 없어도, 기본적으로는 이러한 것을 전부 상대방에게 청구하게 된다.

그리고 Cost Submission에서는 이러한 비용의 내역을 적어 청구서도 제출하지만, 또 한 가지 Cost Submission에서 적는 것으로 상대방이 부담해야 하는 이유가 있다. 한 가지는 당연히 사건에서 이길 것이기 때문에 질 상대방에게 전부 부담시키는 것과, 또 한 가지는 상대방의 불합리한 행위가 있었고, 이로 인해 불필요한 비용이 들었기 때문에 그 비용에 관해서는 상대방이 부담해야 한다는 것을 주장하는 것이다. 불합리한 행위로는 심리 직전에 새로운 증거를 제출하여, 그 증거에 반대하기 위한 의견서에 비용이 드는 것 등이 있다. 만약에 사건에서 지더라도, 이러한 비용까지 부담하는 것이 이상한 경우도 있을 수 있다.

■ 임시적 처분

중재신청하기 전에 가압류 등의 보전처분, 임시적 처분을 하는 경우가 있으며, 이를 잘 이용하면 분쟁의 해결이 빠르게 되는 경우도 있다. 예컨대 상대방의 재산을 가압류하거나 재산의 처분을 금지하는 명령을 받을 수 있다면, 초기 단계에서 유리하게 화해가 진행될 가능성이 있다.

임시적 처분에 관해서는 최근 긴급중재인제도가 여러 중재규칙에 도입되고 있다. 긴급중재인제도에 관해서는 제4장에서 설명하였다. 이것은 중재판정부가 성립되기 전에 긴급중재인이라는 특별한 중재인을 선정하여 그 사람에게 임시적 처분에 관하여 판정을 받는 것으로 절차가 상당히 신속하게 진행된다. 보통 중재인을 선정하는 데는 수개월 걸리는 경우도 드물지 않지만, 긴급중재인은 신청으로부터 2일 이내에 선택되고, 긴급중재인의 판정도 그로부터 2주 이내 또는 15일 이내에 나오게 된다. 이러한 절차를 사용하여 명령을 받는다면 임시적인 것이지만, 결과적으로는 화해로 빠르게 해결할 수 있는 가능성이 있다. 긴급중재인제도를 채택하고 있는 중재규칙으로는 ICC, ICDR, SIAC, HKIAC, JCAA, SCC 등이 있다.

Column '많으면 많을수록 좋은 것'은 아닌가? – '과대청구'될 가능성

본장에서 상대방에게 '불합리한 행위'가 있는 경우에 이로 인해 불필요하게 든 비용을 청구할 수 있는 가능성이 있다고 설명하였지만, 이 '불합리한 행위'에는 '신청인의 청구가 과대하다'는 경우도 포함된다고 생각된다.

중재를 신청할 때에는 최대한의 금액을 청구하는 것이 일반적이지만 어느 정도의 청구라면 '과대청구'로 볼 가능성이 있는 것일까.

이것에 관해서는 어느 정도면 괜찮고 어느 정도면 안 된다는 기준이 있는 것은 아니다. 무리하게 높은 금액을 청구한 경우라도 그 청구금액에 일정 근거가 있는 한, '과대청구'로 간주될 리스크는 높지 않다. 그러나 본래는 100억 엔 밖에 청구할 수 없었지만, 150억 엔을 청구하여 추가한 50억 엔 분에 대하여 어떠한 근거도 없다고 판단되는 경우에 중재판정부가 비용부담을 결정할 때, 그와 같은 추가부담으로 높아진 중재기관의 비용을 과대청구한 당사자에게 부담시킨 예가 있다. 근거 없는 (또는 희박한) 청구를 추가하는 것은 주장전체의 신뢰성에도 영향을 미칠 위험도 있기 때문에 주의가 필요하다.

절차를 빠르게 진행하는 방법

■ 간이절차의 이용

대규모가 아닌 사건에 관해서는 중재인이 3인일 것을 요구하지 않으며, 빠른 판정이 강하게 요구된다. 이를 위하여 간이신속하게 절차를 진행하는 규칙을 정해놓은 중재기관이 몇몇 있다. 예컨대, 일본의 JCAA, 홍콩의 HKIAC, 싱가포르의 SIAC, 중국의 CIETAC, 스톡홀름의 SCC 등이다.[1] 이러한 간이절차를 이용하면 비용도 많이 들지 않고 빠르게 절차를 진행시킬 수 있기 때문에, 계쟁금액이 작고 단순한 사건에는 그것을 사용하는 편이 좋다. 청구금액이 큰 경우라도 사안이 복잡하지 않다면 당사자가 합의하여 이런 간이절차를 이용하는 경우도 있다.

어떤 경우에 간이절차를 이용할 수 있는지는 중재기관에 따라 정한 방식이 다르다. 예컨대, JCAA의 경우에는 청구금액이 2,000만 엔 이하라면 자동적으로 적용되며, HKIAC나 SIAC 등에서는 일정한 조건을 만족하고 난 후, 당사자가 신청을 할 필요가 있다.[2] 일반적으로 간이절차에서는 중재판정이 3개월 내지 6개월 기간 내에 나오게 된다. 또한 중재인의 수는 3인이 아니라 1인뿐이다. 원칙적으로 구두심리는 없고 필요한 경우에 하루 정도로 매우 짧게 한다. 디스클로져도

---

1) 역자 주: 한국의 대한상사중재원도 신속절차가 있다.

2) 역자 주: 대한상사중재원은 신청금액이 5억원 이하거나, 당사자 사이에 신속절차에 따르기로 하는 합의가 있는 경우

하는 경우는 있지만, 간이절차의 경우는 한정적으로 하는 것이 보통이다.

대표적인 중재기관의 간이절차에 관해서는 간단하게 <표 7-2>에 정리해두었다.

표 7-2 각 중재기관의 간이절차

	이용방법	중재판정의 기한	중재인의 수	신문의 유무
JCAA	자동적으로 적용 기준 : 2,000만 엔 이하 합의에 의해 적용도 가능	3개월	1	원칙적으로 없음
HKIAC	신청에 의해 적용 규칙에서 정한 요건을 만족시킬 것을 요구	6개월	1	원칙적으로 없음
SIAC	신청에 의해 적용 규칙에서 정한 요건을 만족시킬 것을 요구	6개월	1	원칙적으로 있음
CIETAC	자동적으로 적용 기준 : 200만위안 미만	3개월	1	원칙적으로 없음
SCC	합의에 의해 적용	3개월	1	원칙적으로 없음

▦ 절차에 관한 심리(Procedural Hearing)

국제중재에서는 절차의 진행방식에 관해서 당사자와 중재인 사이에 미팅 (Procedural Hearing이라고 불린다)이 시행되는 것이 일반적이다. 여기서는 절차의 큰 틀과 스케줄 등을 결정한다. 시간적으로는 중재판정부가 성립한 후에 이루어진다. 여기서 향후 서면제출 스케줄 등을 결정한다. 신청인이 청구이유를 상세하게 기재한 서면(Statement of Claim)을 며칠까지 제출하고, 그것에 대한 반론 (Statement of Defense)을 며칠까지 제출하는지 정한다. 디스클로져는 언제 시작할지, 문서개시청구를 언제 제출할지, 그것에 대한 반대의견을 언제까지 제출할지 스케줄을 정한다. 그리고 더 나아가 주장에 관하여 서면의 대응이 있다면 신청인은 언제까지 제출하고, 상대방은 언제까지 제출하는 것인지, 그리고 증인의 신청은 언제 하는지, 심리는 언제 하는지 등 중재절차 일련의 스케줄을 미팅을 개최하여 결정하게 된다.

이것과는 별개로 심리 직전에 심리 그 자체에 관한 스케줄을 결정하기 위한 미팅이 개최되는 경우가 있다. 여기서는 최초의 모두진술에 각자 몇 분을 사용할지, 어떤 증인을 어떤 순번으로, 어느 정도의 시간으로 신문할지, 마지막으로 최종변론을 할지 여부, 그것을 지금 결정할지, 나중에 결정할지 등의 것을 전부 결정하기 위한 미팅이 있다.

이러한 미팅은 당사자가 실제로 참석한 회의의 형식으로도 가능하고, 전화회의나 비디오회의를 이용하는 경우도 자주 있다. 전화회의나 비디오회의의 경우, 개최하는 의장중재인이 물리적으로 있는 곳에 모두가 전화회의 내지 비디오회의에 참가하는 형태가 된다. 이 미팅에서 자신들이나 대리인이 실제 출석하는지 여부는 사안마다 판단한다. 비용을 줄일 것이라면 당연히 전화회의, 비디오회의가 싸다. 최초의 회의이기 때문에, 의장중재인을 만나 좋은 인상을 남기고 싶은 중대 사건이라면, 실제로 참석하는 경우도 있다. 특히 상대방은 참석하고 자신은 전화회의로 하는 경우는 가능한 한 피해야 한다. 전화를 끊은 후, 의장중재인과 상대방 사이에 어떠한 대화가 오갔는지 알 수 없기 때문이다. 일방이 그 장소에 있고 다른 쪽이 전화라면, 그 장소에 있는 편이 어찌됐든 존재감이 있다. 그런 경우에 상대방이 참석한다고 했을 때는 이쪽도 참석하도록 하도록 하는 방법도 있다.

미팅 자체는 특별한 문제가 없다면 거의 1시간 정도로 끝난다. 국제중재 경험이 있고 잘 알고 있는 사람들이 진행한다면 안정적인 면이 있기 때문에 그만큼 시간이 걸리지 않는다.

이 미팅에서 심리일정을 정한다고 설명하였지만, 심리를 할지 여부는 비용과 시간에 매우 큰 영향을 미친다. 재판에서도 증인신문이 가장 오래 걸린다. 증인신문의 준비를 하였음에도, 시간이 상당히 걸리기 때문에 심리가 필요한지 여부에 관해서는 신중하게 판단할 필요가 있다. 예컨대 사실관계가 꽤 명확한 사안에서, 법적인 해석에만 다툼이 있는 사건은 심리를 하지 않거나 또는 사실관계에 다툼은 있지만 '결정적인 서증이 있기 때문에 심리는 필요 없다'는 판정도 있다. '매우 중요한 사안이고, 역시 증인에게서도 이야기를 들어보고 싶다'면 심리를 하게 된다. 일반적으로는 중재인이 3인인 사건이라면 어느 정도 복잡하거나 분쟁의 금액도 크기 때문에 심리를 하는 경우가 많다.

심리의 기일은 당사자가 많기 때문에 꽤 전부터 결정해둔다. 대부분 1년 이상 전부터 '9월 두 번째 주 정도에 합시다'와 같이 정해두고, 조금 더 확실해질 때에 구체적인 일정을 결정한다. 심리의 일정을 결정할 때에도 대부분 예비일을 결정해두는 것이 일반적이다. 예컨대 만약을 위하여 1주간 심리의 일정을 확보해두고 실제로는 3일로 하는 경우도 자주 있다.

절차의 효율화

그리고 절차의 효율화가 가능한 것이 몇 가지 있다. 예컨대 본장의 앞부분에서 서술한 것과 같이, 국제중재에서는 절차에 관한 이의 등이 제기되기도 한다. 예컨대 서면제출기한의 연장 등 세세한 것에 관해서까지 중재인 3인의 합의로 결정할 필요는 없다. 이러한 것에 관해서는 의장중재인이 혼자 결정하는 것을 최초의 절차명령으로 받거나 합의해두는 것이 한 가지의 방법으로 예를 들 수 있다. 중재인이 3인인 경우, 그 의장중재인이 매우 마음에 들지 않고 절차면에서는 전혀 신용할 수 없는 것과 같은 특수한 사정이 있다면, 물론 그 의장중재인에게 맡기고 싶지 않겠지만, 그렇게 하지 않는다면 기본적으로는 의장중재인에게 일임하는 것이 절차의 효율화에 도움이 된다고 생각한다.

그리고 제6장에서도 설명하였는데, Arbitral Secretary(중재판정부 보조자)를 관여시키는 편이 최종적으로는 시간과 비용을 줄일 수 있는 경우가 자주 있다. 예컨대 법률사무소에 사건 등을 의뢰하는 때에 파트너 1인에게만 의뢰하는 것보다도 파트너와 함께 Associate에게도 의뢰하여 단순한 사무작업 등은 그 Associate가 처리하도록 하는 편이 결과적으로는 보다 효율적이고 비용을 아끼게 되는 경우도 있다. 그렇기 때문에 복잡한 사건의 경우에는 Arbitral Secretary를 이용하는 것도 한 가지 방법이다.

주장서면

국제중재에서 대부분의 주장서면은 100페이지가 넘는다. 국제중재의 주장서면은 사실관계를 시간 순으로 일대서사시처럼 쓰기 때문에 어떻게 하여도 길게 되는 것이다. 이 때문에 비용과 시간과의 관계에서 그것을 제한할 수 있는지 또는 해야만 하는지라는 문제가 나오게 된다.

주장서면의 제출횟수에 관해서는 제한을 두는 것이 일반적이다. 따라서 최초의 Procedural Hearing에서 몇 회 서면을 제출할지, 제출기한을 언제로 할지 등을 결정한다.

그리고 서면의 길이나 글자 수를 제한하는 방법도 생각해볼 수는 있지만 거의 사용되지는 않는다. 길이를 제한하는 것이 반드시 절차의 효율화로 이어지는 것은 아니기 때문에 일반화되지 않았다.

제출의 방식에 관해서는 동시제출과 순차제출의 2가지 방법이 있다. 일반적으로는 증인신문의 전까지는 순차제출, 최종준비서면 등은 동시제출인 경우가 많다.

증거조사를 빠르게 하려면

▓ 디스클로져

디스클로져에서는 많은 시간과 비용이 들며, 이에 관해서는 제5장에서 상세하게 설명하였기 때문에 여기서는 반복하지 않는다. 포인트로서는 IBA의 국제중재에서의 증거조사에 관한 규칙을 사용하거나, Redfern Schedule을 사용하게 된다.

▓ 사실증인

증인에는 사실증인과 전문가증인이 있다, 우선 사실증인에 관해서 설명한다.

사실증인에 드는 비용에는 2가지의 단계가 있다. 우선 증인의 진술서를 작성하는 단계와 심리의 (반대)신문 단계다. 이 각 단계에서 비용이 들게 되는 것이다. 앞서 조금 다루었지만, 증인의 수를 제한하는 방법으로 비용을 줄일 수 있다. 그러나 예컨대 상대방이 20명의 증인을 신청하고 중재판정부도 전원의 신문을 인정해버리는 경우도 있다. 이러한 경우에 어떻게 하면 좋을까. 20명에 대한 반대신문을 한다면 그것만으로도 며칠이 걸리는 큰일이 된다. 그래서 별로 관계가 없어 보이는 증인에 관해서는 증인신문은 불필요한 것으로 하며, 반대신문을 하지 않는 경우도 생각할 수 있다.

진술서에 관해서는 서면으로 반론해두면 좋다고 명확하게 결론지을 수 있다. 이 경우 조심해야 하는 것은, 반대신문을 포기했다고 해서 그 증인의 진술서의 내용을 인정한 것이 되지 않도록 하는 것이다. 이를 위해, 중재위탁요지서나 또는 최초의 절차명령 중에서 '반대신문을 하지 않아도, 증거내용을 인정하는 것은 아니다'라는 것을 명기해둘 필요가 있다. 이렇게 써두면 상대방이 다수의 증인신문을 요구하여 오더라도, 시간과 비용을 상당히 줄일 수 있다.

또한 당연하지만 자신도 정말로 필요한 쟁점만으로 압축하여 증인신문을 하는 방법으로 시간과 비용을 줄일 수 있다.

진술서는 일반적으로는 주장서면과 함께 제출하므로 2회 정도 제출하게 된다. 경우에 따라서는 주장서면이 전부 제출된 후에 진술서를 제출하는 방법도 있을 수 있다. 이 경우는 당사자의 주장을 모두 본 다음에 정리된 진술서를 쓸 수 있다. 이로 인해 목표를 좁혀서 쓸 수 있기 때문에 진술서의 작성비용을 저렴하게 마무리할 수 있다. 또한 이 방법의 경우 주장서면이 제출된 후에 화해의 가능성이 생긴다면 진술서를 작성할 필요가 없게 된다. 따라서 이러한 방법을 사용한다면 진술서의 작성비용을 절약할 수 있다.

▬ 전문가증인

전문가증인에 관해서는 의견서를 작성해줄 때와 실제로 심리에서 증언할 때에 비용이 든다. 사실증인의 경우는 주신문을 받지 않는 경우가 많지만, 전문가증인의 경우는 주신문을 대체하는 프레젠테이션을 하는 경우도 있다.

그만큼 비용과 시간이 든다.

전문가증인은 한 가지 쟁점에 관해서, 각 당사자가 1명씩 나오는 것이 보통이다. 다만 쌍방의 전문가증인이 증언을 한다면 그만큼 비용과 시간만 들기 때문에, 1인의 전문가증인을 선임하는 방법도 있다. 중재판정부가 지명하거나 당사자가 공동으로 지명하는데, 실제로는 이러한 예는 별로 없다. 1인을 선택하면 비용과 시간을 절약할 수 있게 되지만, 그 전문가증인의 증언이 올바른지 여부를 판단하는 것이 어렵게 되어, 결과적으로 어드바이저나 전문적 지식을 가진 사람을 자신이 고용할 필요가 생겨 여분의 비용이 들게 되므로, 별로 사용되지 않는다.

의견서의 제출횟수를 제한하는 방법도 있지만, 사실증인과 같이 2회인 것이 보통이다.

전문가증인은 비용의 절약이라는 관점에서도 사용되는데, 심리 전에 쌍방의 전문가증인이 모여 의논하는 장을 마련한다. 이렇게 함으로써 합의할 수 있는 점과 할 수 없는 점이 명확해진다. 합의할 수 없는 논점만으로 압축하여 심리에서 듣는 것으로 비용과 시간을 절약할 수 있다.

그리고 155페이지에서도 다룬 'Hot Tub'이라는 신문방법을 취하는 사례가 늘어나고 있다. Hot Tub이라는 것은 심리에서 2인이 동시에 나와서 질문하는 신문방식이다. 재판에서 말하는 '대질신문'이다. 이에 따라 양자의 의견 차이가 선명해지고, 초점을 압축하는 신문이 가능해진다.

최종변론

심리의 마지막으로 시행하는 최종변론에는 두 가지 방법이 있다. 한 가지는 증인신문이 끝난 다음 날이나 1~2일 후에 구두로 하는 방법이다. 또는 심리가 끝난 후 1개월이나 2개월의 시간을 두고 최종준비서면(Post-hearing Brief)을 제출하는 경우도 있다. 심리가 끝난 후에 구두로 하는 편이 시간도 줄이고 새로운 긴 서면을 제출하는 것도 아니기 때문에, 그만큼의 시간과 비용이 들지 않는다. 최종준비서면을 제출하는 경우는 시간이 걸리고 비용도 든다. 그렇지만 복잡한 사건 등에 관해서는 확실하게 주장할 수 있고 그것을 중재인에게도 검토 받을 수 있기 때문에, 사안에 맞게 어느 쪽을 선택할지를 생각할 필요가 있다.

중재판정

중재규칙에 따라서는 중재판정의 제출기한을 정해놓은 것이 있지만, 이 기한은 잘 지켜지지 않는다. 실제는 연장되는 것이 보통이다. 중재판정의 작성에 어느 정도 걸릴지는 중재인에 따라 다르기 때문에 역시 좋은 중재인을 선택하는 것은 대단히 중요하다.

마지막으로 중재판정의 집행은 앞장에서 서술한대로 국가에 따라서는 집행절차에 시간이나 비용이 드는 경우도 있다. 그런 비용과 시간을 들이는 것보다도 비용을 줄여 화해하는 것도 생각해볼 수 있기 때문에, 이 또한 검토할 필요가 있다.

국제중재 Q&A

Question　변호사비용은 얼마나 드는가.

중재인이 3인인 평균적인 규모의 사건에서 변호사비용은 어느 정도 든다고 보는 것이 좋은가?

Answer

사건의 복잡성이나 분쟁의 금액에 따라 다르지만 매우 일반적으로 말하자면, 비교적 큰 사건, 예컨대 분쟁금액이 100억엔을 넘는 사건이라면 변호사비용으로 1억엔부터 2억엔 정도를 예상해두어야 한다고 말할 수 있다. 물론, 사안이 단순하다면 훨씬 더 저렴한 경우도 있다. 그러나 더 대규모이고 복잡한 사건에서는 변호사비용이 10억엔 이상, 수십억엔이 되는 경우도 있다.

중재에서 이기는 경우에는 기본적으로는 비용의 상당부분을 상대방에게 부담시킬 수 있다. 여기에는 변호사 보수가 들어있다. 바로 위에서 설명한 정도의 보수라면 전액 회수할 수 있는 정도이다. 따라서 이길 것 같은 사건이라면 별로 변호사 비용을 걱정할 필요가 없을 수도 있다. 물론 중간에 화해한 경우에는 비용은 각자부담하기 때문에 주의는 필요할 것이다.

역자 약력

박덕영

연세대학교 법과대학 졸업
연세대학교 대학원 법학석사, 법학박사
영국 University of Cambridge 법학석사(L.L.M)
영국 University of Edinburgh 박사과정 마침
교육부 국비유학시험 합격
현 연세대학교 법학전문대학원 교수

대한국제법학회 부회장
한국국제경제법학회 회장
산업통상자원부 통상교섭민간자문위원
대한민국 국회 입법자문위원
법제처 정부입법자문위원
연세대 SSK 기후변화와 국제법연구센터장
연세대 외교통상학 연계전공, UIC JCL 책임교수

『EU란 무엇인가』, 『기후변화 국제조약집』, 『국제법 기본조약집』, 『국제경제법 기본조약집』,
『국제투자법과 환경문제』, 『중국의 기후변화대응과 외교협상』, 『일본의 환경외교』, 『국제환경법』,
『국제환경법 주요판례』, 『국제투자법』, 『국제경제법의 쟁점』
Legal Issues on Climate Change and International Trade Law, Springer, 2016 외
국제통상법, 국제환경법 분야 국내외 저서와 논문 다수

조인호

연세대학교 대학원(법학석사)
연세대학교 법학과(학사)
연세대학교 법학연구원 연구원
현 사단법인 대한상사중재원 과장

「국제투자중재에서 제3자 자금조달 제도의 주요 법적 쟁점」(공저)
「기업책임경영(RBC)의 국제동향과 정책적 시사점」(공저)

알기쉬운 국제중재

초판발행	2017년 11월 30일
지은이	오카다 카즈키
옮긴이	박덕영·조인호
펴낸이	안종만
편 집	전채린
기획/마케팅	조성호
표지디자인	김연서
제 작	우인도·고철민
펴낸곳	(주) **박영사**
	서울특별시 종로구 새문안로3길 36, 1601
	등록 1959. 3. 11. 제3070-1959-1호(倫)
전 화	02)733-6771
f a x	02)736-4818
e-mail	pys@pybook.co.kr
homepage	www.pybook.co.kr
ISBN	979-11-303-3066-2 93360

copyright©박덕영, 2017, Printed in Korea

* 잘못된 책은 바꿔드립니다. 본서의 무단복제행위를 금합니다.

* 역자와 협의하여 인지첩부를 생략합니다.

* 책값은 뒤표지에 있습니다.